D0835168

L'Autobiographie
et autres écritures de soi

ÉTONNANTS • CLASSIQUES

L'Autobiographie
et autres écritures de soi

Présentation, notes et dossier par LOÏC MARCOU,
professeur de lettres

Édition mise à jour par FLORENCE RENNER,
professeur de lettres

Avec la participation de LAURENT JULLIER,
professeur en études de cinématographie,
pour « Un livre, un film »

Flammarion

**Sur le thème «Se raconter, se représenter»
dans la collection «Étonnants Classiques»**

© Flammarion, Paris, 2001.
Édition revue, 2016.
ISBN : 978-2-0813-8583-2
ISSN : 1269-8822

SOMMAIRE

L'Autobiographie
et autres écritures de soi

I. LES ENJEUX DE LA LITTÉRATURE AUTOBIOGRAPHIQUE

PRÉSENTATION

Petite histoire
de l'autobiographie

Un genre parfois décrié...

Composé à partir de trois racines grecques (*auto* : « par soi-même » ; *bios* : « la vie » ; *graphein* : « écrire »), le mot « autobiographie » est entré assez tardivement dans la langue française. Ses premières apparitions remontent au début du XIXᵉ siècle, vers 1830, dans des textes théoriques où il concurrence le terme plus ancien de « mémoires », pour désigner un récit dépourvu d'intérêt historique et centré sur la vie privée d'un individu.

La création assez tardive du mot reflète assez fidèlement le préjugé dont a été longtemps victime la littérature personnelle. Parler de soi, en effet, n'est pas toujours allé de soi. L'usage du pronom personnel « je » (et de sa variante tonique « moi ») a souvent été réprouvé, pour ne pas dire proscrit, en littérature. Au XVIIᵉ siècle, le philosophe Pascal (1623-1662) affirmait ainsi dans ses *Pensées* que « le moi est haïssable » et critiquait « le sot projet que Montaigne a [eu] de se peindre ».

Deux siècles plus tard, l'écrivain Stendhal (1783-1842) renouvelait à son tour les préventions pesant sur la littérature personnelle en redoutant, dans le préambule de sa *Vie de Henry Brulard* (1835-1836), que les « *Je* et les *Moi* [n']assomment trop les lecteurs ». Les scrupules de Stendhal (qui n'ont cependant pas empêché cet auteur fécond d'écrire une œuvre autobiographique importante) peuvent apparaître fondés aux yeux d'un lecteur moderne. L'autobiographe n'est-il pas en effet coupable de tomber dans un certain nombre de travers, qui vont de l'individualisme au narcissisme en passant par l'exhibitionnisme et, surtout, l'égoïsme ? Parler de soi, et souvent de manière nostalgique, en regrettant « le bon vieux temps », n'est-il pas un acte répréhensible et dépourvu d'intérêt ?

Si la littérature autobiographique a dû longtemps lutter contre des préjugés tenaces (comment peut-on intéresser autrui en ne parlant que de soi ?), « l'écriture du moi » s'inscrit toutefois dans une longue et riche tradition. On a coutume de dire que l'autobiographie a vu le jour en Europe, à la fin du XVIIIᵉ siècle, avec la parution des *Confessions* de Jean-Jacques Rousseau (rédigées de 1764 à 1770 mais publiées à titre posthume en 1782 puis en 1789). C'est oublier toutefois que *Les Confessions* marquent moins le point de départ que l'aboutissement d'une tradition de l'écriture de soi, située au carrefour de la culture antique et de la pensée religieuse.

... mais riche d'une longue tradition

En effet, la démarche qui pousse un individu à se pencher sur sa vie intérieure remonte à la nuit des temps. Dès l'Antiquité, le mouvement de retour sur soi était déjà considéré comme l'une des voies menant à la sagesse. Chez les Grecs, par exemple, l'adage « Connais-toi toi-même », inscrit sur le fronton de l'un des temples de Delphes, invitait le visiteur à connaître la place qu'il occupe dans l'ordre de la création : ni animal ni dieu toutpuissant, l'homme doit garder le sens de la juste mesure et se prémunir contre les dangers d'un orgueil démesuré. Par ailleurs, la doctrine philosophique du stoïcisme, répandue notamment par les *Pensées* de l'empereur romain Marc Aurèle (121-180), incitait l'homme à se couper du monde extérieur en le poussant à faire retraite en lui-même, jusqu'à son âme, pour se libérer de ses passions corporelles.

Mais l'écriture de soi ne s'enracine pas seulement dans la culture profane. Parallèlement à l'héritage antique, le christianisme invite le croyant à faire retour sur lui-même en même temps qu'il le pousse à découvrir le chemin intérieur le conduisant jusqu'à Dieu. À ce titre, les *Confessions* de saint Augustin (354-430) sont un livre fondateur. L'auteur y relate son existence de manière chronologique, depuis son enfance dans le bourg de Madaure, puis dans la ville de Carthage (actuelle Tunisie), jusqu'à l'époque de la maturité. L'essentiel des *Confessions* ne réside pas cependant dans la présentation de la vie de saint Augustin, et notamment dans la peinture de son enfance turbulente, marquée par la passion pour le théâtre et les jeux. Récit de vocation plus que récit de vie, les *Confessions* décrivent avant tout l'itinéraire spirituel d'un homme qui, à l'âge de trente-deux ans, décida de renoncer au paganisme pour se convertir au christianisme. Il en résulte que la « peinture du moi », constante des récits autobiographiques, est totalement absente de l'ouvrage de saint Augustin. Le « moi » qui s'exprime dans les *Confessions* n'est pas, en effet, un individu ordinaire retraçant son histoire personnelle mais un fervent croyant qui ne cesse de faire l'éloge de Dieu [1].

Œuvre majeure, les *Confessions* de saint Augustin ont donné naissance à un genre à part entière : le récit de conversion et de vocation. Du Moyen Âge au XVIIIe siècle, ces textes connurent un immense succès en Europe. Mais leur plus grand mérite est peut-être d'avoir ouvert la voie qui conduit tout droit aux autobiographies modernes. À la manière de saint Augustin et, par la suite, de

---

1. Le terme latin *confessio* (du verbe *confiteor*), qui donne son titre à l'ouvrage de saint Augustin, ne se réduit pas au sens moderne d'« aveu qu'une personne fait de ses fautes ». Il revêt une signification plus étendue, celle d'« éloge » de la grandeur de Dieu.

Jean-Jacques Rousseau (dont l'œuvre s'inscrit dans le droit fil de la tradition chrétienne), tout autobiographe n'écrit-il pas par excellence ses « confessions » ? N'avoue-t-il pas ses erreurs de jeunesse pour décrire le parcours semé d'embûches qui le conduit, non plus vers Dieu, mais vers lui-même ? C'est ce que semble dire l'un des spécialistes du genre, lorsqu'il affirme que « les différentes formes de l'autobiographie moderne sont sans doute nées de la laïcisation [1] du genre des confessions religieuses, l'individu prenant la place centrale accordée auparavant à Dieu pour raconter le long chemin de son trajet vers lui-même [2]... ».

Traits distinctifs de l'autobiographie

Théoricien et praticien du genre, Philippe Lejeune a proposé de l'autobiographie une définition qui fait aujourd'hui autorité : « Récit rétrospectif en prose qu'une personne réelle fait de sa propre existence, lorsqu'elle met l'accent sur sa vie individuelle, en particulier sur l'histoire de sa personnalité [3]. » Cette définition s'accompagne de plusieurs traits caractéristiques.

L'identité auteur-narrateur-personnage

En intitulant significativement *Moi Je* l'une de ses œuvres autobiographiques, l'écrivain contemporain Claude Roy définit

---

1. *Laïcisation* : perte de la dimension religieuse.
2. Philippe Lejeune, *Dictionnaire des genres et notions littéraires*, Encyclopædia Universalis et Albin Michel, Paris, 1997, p. 50.
3. Philippe Lejeune, *Le Pacte autobiographique*, Seuil, Paris, 1975, p. 14.

parfaitement la forme naturelle dans laquelle se coule le texte autobiographique : le récit à la première personne.

L'usage du « je » suffit-il toutefois à caractériser entièrement le récit autobiographique ? On objectera que le roman, qui présente non pas des faits réels mais des événements imaginaires, recourt parfois, également, au pronom de première personne. Ainsi, rien ne sépare en apparence le début du roman de Lesage (1668-1747), *Histoire de Gil Blas de Santillane* (1715-1735) : « Blas de Santillane, mon père, après avoir longtemps porté les armes pour le service de la monarchie espagnole, se retira dans la ville où il avait pris naissance. Il y épousa une petite bourgeoise, qui n'était plus dans sa première jeunesse, et je vins au monde dix mois après leur mariage », du début de la première partie des *Confessions* de Rousseau : « Je suis né à Genève en 1712, d'Isaac Rousseau, citoyen, et de Suzanne Bernard, citoyenne. » Ces deux textes présentent en effet des similitudes frappantes, qui vont de l'utilisation de la première personne du singulier à la présence d'un réseau thématique commun (la naissance).

Pourtant, les ressemblances entre les deux textes s'arrêtent là. En effet, alors que le « je » qui s'exprime dans *Les Confessions* désigne à la fois le narrateur-personnage du récit et l'auteur du livre, puisque le nom apparaissant dans la première page du texte concorde avec celui figurant sur la couverture du livre, le « je » qui s'exprime dans l'*Histoire de Gil Blas de Santillane* ne tarde pas à apparaître comme un personnage fictif (Gil Blas), distinct de la personne réelle de l'auteur (Lesage). Dès lors, apparaît très clairement l'une des marques distinctives du texte autobiographique : l'identité de nom entre l'auteur, le narrateur et le personnage principal du livre.

À la différence du roman à la première personne où le narrateur-personnage ne se confond jamais avec la personne réelle de l'écrivain, l'autobiographie suppose par nature l'identité de l'auteur, du narrateur et du protagoniste.

Un récit rétrospectif

« Pour écrire l'histoire de sa vie, il faut d'abord avoir vécu. » Cette formule, placée par Alfred de Musset à l'orée de *La Confession d'un enfant du siècle* (1836), définit parfaitement les conditions de production du récit autobiographique : texte où l'acte d'écriture intervient toujours après l'événement, l'autobiographie apparaît comme un récit rétrospectif.

Dans la mesure où l'autobiographe se remémore les événements les plus marquants de son existence, événements qui ont déjà eu lieu, les temps dominants du récit sont généralement ceux du passé. Du passé lointain de la petite enfance au passé proche de l'âge mûr, l'autobiographie s'achève idéalement au moment où le temps de l'événement rejoint le temps de la narration, où l'auteur peut formuler une phrase du type : « et j'en arrive au moment où j'écris ces lignes ».

Fort légitime dans un texte consacré à faire resurgir des pans entiers d'une existence oubliée, l'usage des temps du passé n'est toutefois pas systématique dans le texte autobiographique. Parvenu au soir de sa vie, l'autobiographe se plaît en effet à mesurer le chemin parcouru entre les années de sa jeunesse et les années de la maturité. Il peut ainsi intervenir au présent pour poser un regard d'adulte sur l'enfant (ou le jeune homme) qu'il était. Cette libre alternance du passé et du présent est courante dans la littérature autobiographique. Dans l'« Avant-Propos » de ses *Mémoires d'outre-tombe* (1848), Chateaubriand (1768-1848) n'hésite pas à avouer qu'il a joué sur une structure temporelle à deux niveaux, entremêlant librement le passé (temps de l'histoire) et le présent (temps de la narration) :

> Les formes changeantes de ma vie sont ainsi entrées les unes dans les autres : il m'est arrivé que, dans mes instants de prospérité, j'ai eu à parler de mes temps de misère ; dans mes jours de tribulations, à retracer mes jours de bonheur. Ma jeunesse pénétrant dans ma

vieillesse, la gravité de mes années d'expérience attristant mes années légères, les rayons de mon soleil, depuis son aurore jusqu'à son couchant, se croisant et se confondant, ont produit dans mes récits une sorte de confusion, ou, si l'on veut, une sorte d'unité indéfinissable ; mon berceau a de ma tombe, ma tombe a de mon berceau : mes souffrances deviennent des plaisirs, mes plaisirs des douleurs, et je ne sais plus, en achevant de lire ces *Mémoires*, s'ils sont d'une tête brune ou chenue.

Ces va-et-vient temporels sont caractéristiques de la démarche autobiographique. En opérant un mouvement de balancier permanent entre le moment passé de l'événement et le moment présent de la narration, l'écriture autobiographique permet à l'écrivain de prendre du recul par rapport à sa propre existence, de dresser un bilan de son histoire individuelle et par là même d'établir, malgré la marche destructrice du temps, l'unité de sa personnalité.

Une histoire de la personnalité

Au fond de toute autobiographie, on trouve en effet une méditation sur le « moi » et sur son identité. Quel rapport y a-t-il entre celui que j'étais et celui que je suis ? Comment et pourquoi suis-je devenu « moi » ? Telles sont les questions que pose de manière obsédante tout individu faisant le récit de sa vie.

Cette quête de l'identité prend souvent l'apparence d'une quête des origines. En règle générale, les autobiographes ne cherchent pas à raconter leur vie *in extenso*, mais plutôt à cerner leur existence dans ce qu'elle a de plus profond : sa genèse. On comprend dès lors la place occupée par le récit d'enfance dans le texte autobiographique. Historiquement, c'est Rousseau qui, le premier, raconta en détail sa jeunesse, décelant dans les émotions qui l'agitèrent au cours de cette période de sa vie les fondements de sa personnalité future. Après Rousseau, le récit d'enfance a pris de plus en plus d'importance au point de recouvrir, parfois, la quasi-totalité du texte autobiographique. Certains auteurs comme Stendhal, Gide, Sartre ou Sarraute font ainsi l'impasse sur l'âge adulte pour se concentrer uniquement sur la période de leur jeunesse.

Moment obligé du récit autobiographique, le récit d'enfance obéit souvent à un parcours-programme constitué de certains « moments forts », selon une série idéale que l'on pourrait résumer de la façon suivante : « Je suis né – mon père et ma mère – la maison – le reste de la famille – le premier souvenir – le langage – le monde extérieur – les animaux – la mort – les livres – la vocation – l'école – le sexe – la fin de l'enfance [1]. »

Parmi ces éléments que l'on retrouve invariablement d'une autobiographie à l'autre, la découverte de la vocation littéraire occupe une place de choix. Portant un intérêt passionné à l'éveil de sa sensibilité et à la naissance de sa carrière d'homme de lettres, l'autobiographe se plaît souvent à montrer l'inclination qu'il a ressentie dès son plus jeune âge pour la lecture, son goût précoce pour l'écriture, ses dispositions natives pour la littérature.

Autre élément invariant du récit d'enfance, la découverte de la sexualité occupe également une place importante dans le récit autobiographique. Après Rousseau, qui fut le premier à décrire ses émois d'adolescent, notamment au sein de l'épisode célèbre de « la fessée » dans Les Confessions, l'autobiographe évoque souvent l'éveil de ses sens et son passage (parfois douloureux) à l'âge d'homme.

Un récit en prose ?

La définition de Philippe Lejeune précise qu'une autobiographie est un récit écrit en prose. Ce critère s'applique à la majeure

---

1. Nous empruntons cette liste à Bruno Vercier, « Le mythe du premier souvenir : Loti, Leiris », *Revue d'histoire littéraire de la France*, n° 6, 1975, p. 1033.

partie des écrits autobiographiques qui n'empruntent généralement pas la forme poétique. Mais certains textes autobiographiques du XXᵉ siècle, qui adoptent les contraintes poétiques
(écriture versifiée, division du récit en strophes, etc.), y échappent.
Tel est le cas, notamment, du recueil *Chêne et Chien* (1937) de
Raymond Queneau, ou, plus proche de nous, de certains textes du
poète contemporain Jacques Roubaud (*Quelque chose noir*, 1986),
où l'auteur évoque la disparition de son épouse et relate le travail
de deuil qui suivit cette mort prématurée.

Les genres voisins de l'autobiographie

Si l'autobiographie occupe une place importante dans le
champ de la littérature personnelle, elle n'est pas pour autant la
seule forme d'écriture de soi ; elle voisine avec d'autres genres
qui ne se soumettent pas à tel ou tel de ses traits distinctifs mais
qui, comme elle, contribuent à donner une image fidèle du
« moi ». Voici donc une brève présentation des autres genres de
la littérature intime.

L'autoportrait

Genre en vogue depuis la Renaissance (Montaigne, *Essais*),
abondamment exploité dans la littérature classique (La Rochefoucauld, « Portrait de La Rochefoucauld fait par lui-même »)
puis dans la littérature contemporaine (Michel Leiris, *L'Âge
d'homme*), l'autoportrait est une des multiples formes de l'« écriture du moi ». Il diffère pourtant de l'autobiographie en ceci qu'il

n'a pas pour projet avoué de raconter l'histoire d'une personnalité. À la question rituelle de l'autobiographie : « Qui suis-je ? », la réponse apportée par l'autoportrait n'est pas : « Comment je le suis devenu » mais « Ce que je suis ». Car il s'agit ici de cerner les caractéristiques physiques et morales de sa personne.

Les différences formelles entre autobiographie et autoportrait sont donc assez nettes. L'autobiographie est un récit rétrospectif qui privilégie les temps du passé ; l'autoportrait est écrit au présent. Le récit autobiographique obéit à un ordre chronologique ; l'autoportrait à un ordre thématique ou logique. C'est ainsi qu'après avoir présenté de manière rituelle son apparence extérieure, l'auteur d'un autoportrait en vient tout naturellement à décrire ses traits de caractère, ses qualités et ses défauts. Autoportrait et autobiographie convergent donc tous deux vers un même but (la représentation d'une personne réelle par elle-même) mais parviennent à leurs fins par des approches et des moyens formels totalement distincts.

Les mémoires

Au même titre que l'autoportrait, les mémoires appartiennent eux aussi au champ de la littérature personnelle. Une différence de taille sépare pourtant l'autobiographie de ce type d'écrit. Dans l'autobiographie, l'auteur est en effet généralement un homme de lettres, un artiste ou un homme ordinaire qui, arrivé à la fin de sa vie, cherche à récapituler son histoire personnelle. Dans les mémoires, en revanche, l'auteur est toujours un personnage public qui relate des événements historiques auxquels il a pris part en tant qu'acteur ou témoin. Il en résulte que l'enjeu des mémoires diffère sensiblement de celui de l'autobiographie. Dans ce dernier genre, en effet, l'objet du récit, c'est l'individu lui-même, son existence personnelle, intime, privée. Le propos des mémoires, en revanche, c'est l'Histoire ou la société, le mémorialiste se posant avant tout comme un témoin de son temps. On chercherait ainsi en vain dans les *Mémoires de guerre* (1954) du général de Gaulle une quelconque allusion à la vie privée de l'auteur. Le cas des *Mémoires d'outre-tombe* (1848) est, lui, plus épineux, puisque ce texte est à la fois l'œuvre d'un mémorialiste et d'un autobiographe : Chateaubriand ne se contente pas de décrire en bon observateur la société de son temps ; il relate aussi son existence privée, notamment dans les trois premiers livres où il raconte en détail son enfance bretonne. La distinction privé-public, qui marque la ligne de fracture entre l'autobiographie et les mémoires, n'est donc pas toujours pertinente. Il suffit encore de lire les autobiographies de Simone de Beauvoir (*Mémoires d'une jeune fille rangée*, 1958) et de François Mauriac (*Mémoires intérieurs*, 1959) pour constater que les deux termes sont parfois interchangeables.

Le journal intime

Le journal intime connaît une véritable floraison au XIXe siècle et continue d'être au XXe siècle un mode d'expression personnelle privilégié.

Une différence de taille sépare l'autobiographie du journal intime. Alors que l'autobiographe se penche sur un passé généralement éloigné du temps de l'écriture (sa prime enfance, sa jeunesse), le diariste raconte sa vie au jour le jour et revient sur un passé beaucoup plus proche du moment de l'énonciation.

Ces conditions d'écriture opposées expliquent les différences formelles qui existent entre l'autobiographie et le journal intime. Si l'autobiographie est un récit linéaire qui tente de cerner l'évolution du « moi » dans la continuité et la durée, le journal intime apparaît en revanche comme un récit discontinu. Le propos du diariste n'est pas de tracer un bilan de son histoire personnelle et de recomposer sa vie en lui donnant *a posteriori* un sens qui lui échappait peut-être à l'origine, mais de s'analyser au jour le jour, avec un regard plus « pointilliste ». L'auteur d'un journal intime est en effet sensible aux moindres événements du quotidien, faisant preuve d'un souci du détail qui peut parfois paraître fastidieux. De fait, tous les événements du jour, des plus futiles (en apparence) aux plus dramatiques, sont passés au scalpel de l'analyse : les événements de la vie privée, bien sûr (expérience de la maladie et angoisse de la mort dans le *Journal* de Jules Renard), mais aussi les événements historiques (références à l'occupation allemande en Hollande dans le *Journal* d'Anne Frank).

Une littérature foisonnante

La littérature intime ne saurait se réduire aux genres de l'autoportrait, des mémoires ou du journal intime. Bien d'autres textes, de l'essai à la lettre, peuvent avoir une dimension autobiographique sans être des « autobiographies » au sens strict. Il en va ainsi de certains récits en forme de témoignage dans lesquels un auteur-narrateur relate un événement ayant marqué profondément sa vie (les camps de concentration évoqués dans l'ouvrage autobiographique de Jorge Semprún *L'Écriture ou la vie*) ; c'est également le cas des récits de vie dans lesquels un individu relate, avec l'aide éventuelle d'un « rédacteur », les conditions d'existence du groupe social (paysans, artisans, ouvriers, etc.) auquel il appartient. Enfin remarquons l'existence de certains textes, situés à mi-chemin du roman et de l'autobiographie, où un écrivain transpose, à travers le masque de la fiction, des événements de sa propre vie : romans autobiographiques de Jules Vallès [1] et de Jules Renard [2], ou, plus proches de nous, ceux de Fred Uhlman [3] et d'Azouz Begag [4]. Dans la même

---

1. *L'Enfant, Le Bachelier, L'Insurgé* (1879-1886).
2. *Poil de Carotte* (1894).
3. *L'Ami retrouvé* (1978).
4. *Le Gone du Chaâba* (1986).

veine, certains textes mettent en scène l'auteur dans un récit qui mêle fiction et expériences vécues. On qualifie ces derniers d'autofiction. Ce genre littéraire relativement récent, dont Michel Houellebecq est l'une des figures les plus célèbres (voir p. 86), est largement représenté dans les sorties littéraires.

Enjeux du projet autobiographique

Pourquoi écrire sur soi ?

Bien des raisons peuvent inciter à écrire sur soi-même, et notamment le besoin ou la volonté d'expliquer sa conduite passée. Pionnier du genre, Jean-Jacques Rousseau écrit ses *Confessions* pour répondre aux attaques de ses détracteurs :

> Puisque mon nom doit durer parmi les hommes, je ne veux pas qu'il y porte une réputation mensongère ; je ne veux point qu'on me donne des vertus ou des vices que je n'avais pas [...]. J'aime mieux qu'on me connaisse avec tous mes défauts et que ce soit moi-même, qu'avec des qualités controuvées [1], sous un personnage qui m'est étranger [2].

Sorte de « réponse à un acte d'accusation », *Les Confessions* rousseauistes prennent ainsi l'allure d'un immense plaidoyer dans lequel l'auteur justifie ses actes.

Écrire son autobiographie, c'est aussi vouloir témoigner. « Le besoin de raconter aux "autres", de faire participer les "autres", avait acquis chez nous, avant comme après notre libération, la violence d'une impulsion immédiate, aussi impérieuse que les

---

1. *Controuvées* : inventées.
2. Jean-Jacques Rousseau, préambule du manuscrit de Neuchâtel, in *Confessions et autres textes autobiographiques*, éd. B. Gagnebin et M. Raymond, Gallimard, coll. « Bibliothèque de la Pléiade », 1959, p. 1153.

autres besoins élémentaires », écrit l'auteur italien Primo Levi dans *Si c'est un homme* (1947), ouvrage dans lequel il relate sa vie de déporté dans le camp de concentration d'Auschwitz. Aujourd'hui encore, son récit revêt une importance capitale, parce qu'il invite les lecteurs de tous âges à pratiquer ce que l'on appelle le « devoir de mémoire ».

L'écriture autobiographique peut être à d'autres motivations, comme le désir de triompher du temps et de la mort. Chateaubriand, par exemple, écrit ses *Mémoires d'outre-tombe* pour laisser une trace de lui-même à la postérité : ses mémoires, dit-il en substance, sont amenés à lui survivre au-delà de la tombe et doivent lui permettre d'accéder à l'immortalité. L'autobiographie devient alors une sorte d'acte testamentaire dans lequel l'auteur lègue une image de lui-même (certes « travaillée » et embellie) aux générations futures.

À l'inverse, l'autobiographie peut se trouver davantage tournée vers le passé, portée par le désir de l'arracher à l'oubli. Pour parodier Marcel Proust, on pourrait dire que toute autobiographie est une « recherche du temps perdu » qui débouche souvent sur un « temps retrouvé ». Sensible à la nostalgie, l'autobiographe se plaît en effet à plonger dans son passé, à remonter aux sources de son existence, à nager dans les eaux troubles du souvenir. Grâce à la réminiscence ou à la mémoire volontaire, il peut exhumer les vestiges d'un passé qu'il croyait à jamais perdu et goûter ainsi aux charmes de vivre deux fois les mêmes événements : « En me rappelant les plaisirs que j'ai eus, je les renouvelle, j'en jouis une seconde fois », déclare l'écrivain italien Casanova (1725-1798) dans ses *Mémoires*.

Enfin, le désir de trouver un sens à l'existence apparaît comme l'une des motivations essentielles de l'écriture autobiographique. Parvenu à la fin de ses jours, se fait sentir le besoin impérieux de récapituler sa vie, de tirer un bilan de son existence, de mettre un point final à son histoire personnelle. Et cependant, légitime en apparence, la démarche qui consiste à trouver un sens rétrospectif à l'existence marque toutefois les limites du projet autobiographique. N'est-ce pas en effet vouloir introduire dans la vie un ordre artificiel ? Victime de l'« illusion rétrospective », l'autobiographe n'a-t-il pas tendance à transformer son existence en destin ?

Tous ces enjeux révèlent au bout du compte que la véritable motivation de l'autobiographie est moins de se connaître que de construire, à travers les méandres de la mémoire et les sinuosités de l'écriture, une image de soi-même.

L'autobiographie : quel destinataire ?

L'enjeu de l'autobiographie ne se limite pas aux motivations qui poussent un individu à écrire un récit autobiographique. Il concerne également la relation que son auteur noue avec son destinataire, le lecteur.

Le lien qui unit l'auteur au lecteur est en effet l'une des caractéristiques majeures de l'écriture autobiographique. À la manière du fidèle qui, dans le rite religieux de la confession [1], avoue ses péchés au prêtre chargé de prononcer l'absolution, l'autobiographe s'adresse en effet dans son récit à un destinataire invisible (le lecteur) à qui il confie les moindres détails de son existence. Après Rousseau, qui fut le premier à exposer son « moi » intime à ses lecteurs, l'autobiographe révèle dans son récit des actes qu'il avait auparavant tenus secrets : peccadilles de jeunesse ou « aveux honteux », qu'il dévoile sans la moindre pudeur apparente.

S'assignant pour mission d'anatomiser son cœur et de le disséquer aux yeux de tous, l'autobiographe ne cesse par ailleurs

---

1. **Confession** : aveu de ses péchés qu'un fidèle fait à un prêtre catholique. Liée au sacrement de la pénitence, la confession a pour but, grâce à l'expression de la contrition (regret d'avoir offensé Dieu) ou de l'attrition (douleur d'avoir offensé Dieu), de laver le croyant de ses fautes.

de revendiquer un idéal de vérité et de sincérité. En lisant l'histoire de ma vie, dit-il en substance à son lecteur, tu ne liras rien que je n'aie effectivement vécu. Je n'ai donc pas cherché à masquer la vérité en camouflant mes défauts ou en exagérant mes mérites, mais j'ai écrit un récit authentique, miroir de ma propre existence.

Les limites du projet autobiographique

Cette exigence de sincérité, qui est l'un des éléments constitutifs du « pacte autobiographique », est-elle toutefois « tenable » ? Ne se heurte-t-elle pas à deux difficultés essentielles, les défaillances naturelles de la mémoire, d'une part, et le manque d'objectivité de l'autobiographe, d'autre part ?

Les incertitudes de la mémoire

La mémoire est la matière première de l'autobiographie, ce matériau à partir duquel l'écrivain transforme ses souvenirs en littérature. Dans ses *Confessions*, saint Augustin lui rendait déjà hommage. Grâce à elle, avouait-il : « J'ai sous la main le ciel, la terre, la mer, avec tout (sauf oubli) ce que mes sens y purent connaître. Là encore je me rencontre moi-même et je me repasse : qu'ai-je fait ? Quand l'ai-je fait ? Où l'ai-je fait ? » Mais la mémoire, on le sait, est souvent infidèle, et quiconque en use peut être soumis à ses caprices. Au début de ses *Confessions*, Rousseau avoue ainsi avoir été obligé parfois d'« employer quelque ornement indifférent [comprenons par là de romancer des parties de sa vie tombées dans l'oubli] pour remplir un vide occasionné par son défaut de mémoire ».

Par ailleurs, bien des autobiographes conviennent que l'objet de leur récit n'est pas tant l'événement passé en lui-même que le souvenir, probablement déformé et lacunaire, qu'en a gardé leur mémoire. Simone de Beauvoir révèle, par exemple, que le personnage de « jeune fille rangée », qui donne son titre au premier volume de son autobiographie, n'a sans doute jamais existé dans la réalité disparue, mais qu'il correspond à une image mentale qu'elle s'est forgée au fil du temps.

Le fait que la mémoire soit défaillante et qu'elle puisse transformer – voire passer sous silence – des moments importants d'une vie est, comme on voit, un élément qui contredit ouvertement l'idéal de sincérité de l'autobiographe.

L'utopie de la sincérité

Cet idéal de sincérité et de vérité se heurte en outre à une autre difficulté : le manque d'objectivité. S'il s'engage par contrat à faire la lumière sur sa propre vie, un autobiographe ne peut, en effet, jamais être entièrement sincère pour la simple et bonne raison qu'il ne peut tout dire et choisit parfois délibérément de passer sous silence certains moments troubles de son histoire personnelle. C'est ce que fait notamment l'écrivain romantique George Sand dans son autobiographie (*Histoire de ma vie*, 1855), où elle occulte volontairement des pans entiers de sa vie sentimentale – en particulier ses liaisons avec Frédéric Chopin et Alfred de Musset – pour se consacrer à sa seule carrière d'intellectuelle. Contemporain de George Sand, le musicien Berlioz affirme pour sa part au début de ses *Mémoires* (1869) : « Je ne dirai que ce qu'il me plaira de dire », signifiant par là qu'il laissera délibérément dans l'ombre une partie de sa vie intime.

Il apparaît donc que l'exigence de vérité proclamée par celui qui écrit son autobiographie relève de la gageure, du pari impossible. Il est d'ailleurs piquant d'observer que le seul exemple que donne le *Dictionnaire de l'Académie française* au mot « autobiographie » soit le suivant : « Les autobiographies sont souvent mensongères. »

Un genre condamné ?

Cet aveu d'impuissance, qui souligne la vanité de l'entreprise autobiographique, aurait pu porter un coup fatal au genre. Puisque avec la meilleure mémoire et la meilleure foi du monde, un autobiographe est par nature impuissant à récréer par la plume une réalité disparue, à quoi bon écrire une autobiographie ? Puisque les récits de vie travestissent souvent la réalité passée, à quoi bon lire une autobiographie ?

Fort heureusement, ce constat d'échec n'a pas fondamentalement remis en cause l'existence du genre, bien au contraire. Il suffit de regarder les tables des libraires et de tomber sur le dernier « récit de vie » de telle personnalité publique pour constater que le genre est plus que jamais à la mode. Qu'est-ce qui pousse en définitive un lecteur à se plonger dans une autobiographie ? Peut-être le désir irrépressible d'assouvir une certaine forme de curiosité en pénétrant – sans effraction – dans la vie intime d'une personne célèbre. Ou peut-être, tout simplement, le plaisir de découvrir, à travers le témoignage singulier d'un individu, une vérité sur la condition humaine tout entière. Comme le disait déjà Montaigne, chaque homme ne porte-t-il pas la forme entière de l'humaine condition ?

L'Autobiographie
et autres écritures de soi

I. Les enjeux de la littérature autobiographique

L'autobiographie désigne un type de récit aux caractéristiques très précises : identité de la triade [1] auteur-narrateur-personnage, perspective rétrospective du récit, élaboration d'une histoire de la personnalité. Reste qu'en marge des spécificités formelles de l'autobiographie, il est tout aussi important de cerner les enjeux essentiels de cette forme d'expression personnelle. Pourquoi un auteur décide-t-il d'écrire une autobiographie ? Qu'est-ce qu'un « pacte autobiographique » ? Quels sont les « moments forts » d'une autobiographie ? Telles sont les questions qu'un lecteur est conduit à se poser face au texte autobiographique.

1. Le pacte autobiographique

L'autobiographe fait souvent précéder le récit de sa vie par un préambule en forme de déclaration d'intention. Cette entrée en matière rituelle, que l'on a coutume d'appeler un « pacte autobiographique » (Philippe Lejeune), a une double fonction.

Une fonction littéraire, tout d'abord. En établissant l'identité auteur-narrateur-personnage, le pacte autobiographique pose en effet l'intention du récit de vie et définit d'emblée l'« horizon

---

1. **Triade** : groupe de trois personnes ou de trois choses étroitement associées.

d'attente » de l'œuvre : ce que le lecteur va lire est un récit retraçant l'histoire d'un personnage réel (une auto-biographie) et non un texte imaginaire mettant en scène des personnages de fiction (un roman).

Une fonction morale, ensuite. Dans les premières pages de son autobiographie, l'auteur passe en effet avec son lecteur une sorte de contrat de confiance, au terme duquel il s'engage à dire toute la vérité sur lui-même. En lisant mon récit, dit en substance l'autobiographe à son lecteur, tu ne liras rien que je n'aie effectivement vécu ; je n'ai donc nullement altéré la vérité en camouflant mes défauts ou en exagérant mes mérites, mais j'ai écrit un récit véridique relatant ma vie le plus fidèlement possible.

Les textes qui suivent, extraits respectivement des *Essais* (1580) de l'humaniste Michel de Montaigne, des *Confessions* (1782-1789) de Jean-Jacques Rousseau et, plus proche de nous, des *Ritals* (1978) de l'écrivain contemporain François Cavanna (1926-2014), montrent l'idéal de sincérité qui anime tout individu racontant sa propre vie. Dans une autobiographie, comme le dit admirablement Cavanna, « c'est rien que du vrai. [...] Il n'y a rien d'inventé ».

■ Montaigne (1533-1592), *Essais*

AU LECTEUR

C'est ici un livre de bonne foi, lecteur. Il t'avertit dès l'entrée, que je ne m'y suis proposé aucune fin, que domestique[1] et privée. Je n'y ai eu nulle considération de ton service, ni de ma gloire. Mes forces ne sont pas capables d'un tel dessein. Je l'ai
5 voué à la commodité particulière de mes parents et amis : à ce que[2] m'ayant perdu (ce qu'ils ont à faire bientôt) ils y puissent

---

1. **Domestique** : personnelle.
2. **À ce que** : afin que.

retrouver aucuns traits de mes conditions et humeurs[1], et que par ce moyen ils nourrissent plus entière et plus vive, la connaissance qu'ils ont eue de moi. Si c'eût été pour rechercher la faveur du monde, je me fusse mieux paré[2] et me présenterais en une marche étudiée. Je veux qu'on m'y voie en ma façon simple, naturelle et ordinaire, sans contention[3] et artifice : car c'est moi que je peins. Mes défauts s'y liront au vif, et ma forme naïve[4], autant que la révérence publique[5] me l'a permis. […]

Ainsi, lecteur, je suis moi-même la matière de mon livre : ce n'est pas raison que tu emploies ton loisir en un sujet si frivole[6] et si vain. Adieu donc ; de Montaigne[7] ce premier de mars mil cinq cent quatre-vingts.

---

1. **Aucuns traits de mes conditions et humeurs** : certains de mes traits de caractère.

2. **Je me fusse mieux paré** : je me serais présenté d'une manière plus avantageuse.

3. **Sans contention** : sans retenue.

4. **Ma forme naïve** : ma manière d'être naturelle.

5. **La révérence publique** : le respect du public, du lecteur.

6. **Frivole** : de peu d'importance.

7. **De Montaigne** : Montaigne est le nom d'une terre située dans le Périgord. Auteur des *Essais*, Michel Eyquem (1533-1592) fut le premier de sa famille à abandonner définitivement le nom patronymique d'Eyquem pour ne porter que celui de sa terre natale.

Intus, et in cute[1].

Je forme une entreprise qui n'eut jamais d'exemple et dont l'exécution n'aura point d'imitateur. Je veux montrer à mes semblables un homme dans toute la vérité de la nature ; et cet homme ce sera moi.

5 Moi seul. Je sens mon cœur et je connais les hommes. Je ne suis fait comme aucun de ceux que j'ai vus ; j'ose croire n'être fait comme aucun de ceux qui existent. Si je ne vaux pas mieux, au moins je suis autre. Si la nature a bien ou mal fait de briser le moule dans lequel elle m'a jeté, c'est ce dont on ne peut juger
10 qu'après m'avoir lu.

Que la trompette du Jugement dernier[2] sonne quand elle voudra, je viendrai, ce livre à la main, me présenter devant le souverain juge[3]. Je dirai hautement : « Voilà ce que j'ai fait, ce que j'ai pensé, ce que je fus. J'ai dit le bien et le mal avec la même fran-
15 chise. Je n'ai rien tu de mauvais, rien ajouté de bon, et s'il m'est arrivé d'employer quelque ornement indifférent[4], ce n'a jamais été que pour remplir un vide occasionné par mon défaut de mémoire ; j'ai pu supposer vrai ce que je savais avoir pu l'être, jamais ce que je savais être faux. Je me suis montré tel que je fus ;
20 méprisable et vil[5] quand je l'ai été ; bon, généreux, sublime, quand je l'ai été : j'ai dévoilé mon intérieur tel que tu l'as vu toi-même. Être éternel, rassemble autour de moi l'innombrable foule

---

1. *Intus et in cute* : intérieurement et sous la peau. Cette épigraphe est tirée des *Satires* (III, v. 30) du poète latin Perse (34-62).
2. *La trompette du Jugement dernier* : dans le livre biblique de l'Apocalypse, les trompettes annoncent la comparution des morts devant Dieu.
3. *Le souverain juge* : Dieu.
4. *S'il m'est arrivé d'employer quelque ornement indifférent* : s'il m'est arrivé d'inventer quelque détail sans importance.
5. *Vil* : mauvais, méprisable.

de mes semblables ; qu'ils écoutent mes confessions, qu'ils gémissent de mes indignités, qu'ils rougissent de mes misères.
25 Que chacun d'eux découvre à son tour son cœur aux pieds de ton trône avec la même sincérité ; et puis qu'un seul te dise, s'il l'ose : *Je fus meilleur que cet homme-là.* »

■ Cavanna (1926-2014),
Les Ritals

C'est un gosse qui parle. Il a entre six et seize ans, ça dépend des fois. Pas moins de six, pas plus de seize. Des fois il parle au présent, et des fois au passé. Des fois il commence au présent et il finit au passé, et des fois l'inverse. C'est comme ça, la mémoire, ça
5 va ça vient. Ça rend pas la chose compliquée à lire, pas du tout, mais j'ai pensé qu'il valait mieux vous dire avant.
C'est rien que du vrai. Je veux dire, il n'y a rien d'inventé. Ce gosse, c'est moi quand j'étais gosse, avec mes exacts sentiments de ce temps-là. Enfin, je crois. Disons que c'est le gosse de ce
10 temps-là revécu par ce qu'il est aujourd'hui, et qui ressent telle-ment fort l'instant qu'il revit qu'il ne peut pas imaginer l'avoir vécu autrement.

© Belfond, 1978.

2. Premiers souvenirs

Le récit d'enfance occupe une place centrale dans le texte auto-biographique. En règle générale, les autobiographes ne cherchent pas à relater leur vie *in extenso* mais plutôt à cerner leur existence dans ce qu'elle a de plus profond : sa genèse. Dans cette quête des origines qui anime l'autobiographe, la recherche du ou des premiers souvenirs revêt alors une dimension considérable. Elle permet à l'écrivain de marquer d'une pierre blanche le début de son histoire individuelle et de cerner la naissance de sa personnalité.

Les textes suivants, extraits des *Souvenirs* (1878) de l'auteur russe Léon Tolstoï et des *Mémoires d'une jeune fille rangée* (1958) de Simone de Beauvoir, montrent que l'autobiographe part souvent, dans les premières pages de son récit, à la recherche de ses premiers souvenirs. Retrouver le point zéro de son existence – ce moment primordial où tout a commencé – n'est-ce pas, pour chacun, l'occasion de donner un sens à son histoire personnelle ?

■ Léon Tolstoï (1828-1910), *Souvenirs*

Je naquis et passai ma première enfance dans le village de Iasnaïa Poliana.

Voici mes premiers souvenirs (je ne sais pas les mettre en ordre, ne sachant ce qui fut avant, ce qui fut après : de certains
5   même, j'ignore si je rêvais ou si j'étais éveillé). Les voici : je suis attaché ; je veux dégager mes bras, je ne peux le faire, je crie et pleure et mes cris me sont pénibles à moi-même ; mais je ne peux m'arrêter. Au-dessus de moi se tient, penché, quelqu'un, je ne me rappelle plus qui. Et tout ceci dans une demi-obscurité. Mais je me
10 rappelle qu'ils sont deux. Mes cris leur font de l'effet : ils s'en inquiètent mais ne me détachent pas, ce que je désire, et je crie encore plus fort. Il leur semble que c'est nécessaire (que je sois attaché) alors que je sais que c'est inutile ; je veux le leur prouver et je me répands en cris insupportables à moi-même mais irrésis-
15 tibles[1]. Je sens l'injustice et la cruauté non des gens car ils me plaignent, mais du sort, et j'éprouve de la pitié pour moi-même. Je ne sais pas et jamais je ne saurai ce que c'était : étaient-ce mes langes[2] de nourrisson dont j'essayais de libérer mes bras, ou était-

---

1. *Irrésistibles* : auxquels on ne peut résister.
2. *Langes* (nom masc. plur.) : vêtement de laine ou de coton dont on emmaillote un bébé, de la taille jusqu'aux pieds.

■ Léon Tolstoï.

ce un maillot [1] dont on m'enveloppait lorsque j'avais plus d'un an
20 pour m'empêcher de gratter ma gourme [2] ? Ai-je réuni en ce seul
souvenir, comme cela arrive en rêve, beaucoup d'impressions ?
Ce qui est sûr, c'est que ce fut là ma première et ma plus forte
impression. Et ce qui m'est resté en mémoire, ce ne sont pas mes
cris ni ma souffrance, mais la complexité, la contradiction des
25 sensations. Je veux ma liberté, elle ne gêne personne, et moi qui
ai besoin de force, je suis faible, tandis qu'eux, ils sont forts.

Ma seconde impression est joyeuse. Je suis assis dans une
auge [3], entouré de l'odeur nouvelle et point désagréable d'une
substance dont on frotte mon petit corps. Sans doute était-ce du
30 son [4] et sans doute étais-je dans une auge remplie d'eau, mais la
nouveauté du contact du son me réveilla et, pour la première fois,
je remarquai et aimai mon petit corps avec les côtes apparentes sur
la poitrine, l'auge sombre et lisse, les bras aux manches retrous-
sées de la bonne et l'eau tiède et froide mélangée, la vapeur qui
35 s'en dégage, le bruit qu'elle fait et surtout la sensation de poli des
bords humides de l'auge lorsque j'y promenais mes petites mains.

Il est étrange et effrayant de penser que, de ma naissance à
trois ans, à l'époque où je prenais le sein, où on me sevra [5], où je
commençai à me traîner à quatre pattes, à marcher, à parler, j'ai
40 beau chercher dans ma mémoire, je ne peux trouver une seule
impression, hormis ces deux-là. Quand donc ai-je commencé ?

---

1. *Maillot* : morceau de tissu (laine ou coton) servant à envelopper le corps
d'un enfant en bas âge, des jambes jusqu'aux aisselles.

2. *Gourme* : maladie de la peau fréquente chez l'enfant, qui se traduit par
l'apparition sur le visage ou le corps de croûtes épaisses provoquant des
démangeaisons.

3. *Auge* : récipient (en pierre, bois ou métal) dont on se sert pour donner à
manger ou à boire aux animaux domestiques. Ici, sorte de bassin dans lequel
on baigne le nouveau-né.

4. *Son* : résidu de certaines céréales dont on pouvait se servir autrefois pour
frotter le corps et le débarrasser de ses impuretés.

5. *On me sevra* : le sevrage est l'action d'arrêter progressivement d'allaiter
un nourrisson pour lui donner une nourriture plus solide, plus consistante.

Quand ai-je commencé à vivre ? Et pourquoi m'est-il agréable de me représenter à cette époque, tandis qu'il fut toujours effrayant (comme c'est aujourd'hui effrayant pour beaucoup de gens) de me représenter au moment où j'entrerai à nouveau dans cet état de mort dont il ne restera pas de souvenirs exprimables par des paroles ? Est-ce que je ne vivais pas, lorsque j'apprenais à regarder, à écouter, à comprendre, à parler, lorsque je dormais, prenais le sein, baisais ce sein, riais et faisais la joie de ma mère ? Je vivais, et dans la félicité[1] ! N'est-ce pas alors que j'acquérais tout ce dont je vis maintenant, acquérais tellement, si rapidement que dans tout le reste de ma vie je n'en ai pas acquis le centième ? De l'enfant de cinq ans jusqu'à moi... il n'y a qu'un pas. Du nouveau-né à l'enfant de cinq ans... une distance effrayante. De l'embryon[2] au nouveau-né... un abîme. Et du non-être jusqu'à l'embryon, non plus un abîme, mais l'inconcevable.

Trad. Sylvie Luneau
© Gallimard.

■ Simone de Beauvoir (1908-1986), *Mémoires d'une jeune fille rangée*

Je suis née à quatre heures du matin, le 9 janvier 1908, dans une chambre aux meubles laqués[3] de blanc, qui donnait sur le boulevard Raspail[4]. Sur les photos de famille prises l'été suivant, on voit de jeunes dames en robes longues, aux chapeaux empanachés[5] de

---

1. *Félicité* : bonheur.
2. *Embryon* : nom donné à l'être humain pendant les premières semaines de son développement prénatal.
3. *Laqués* : recouverts de laque (substance résineuse dont on enduit certains meubles pour les protéger et les faire briller).
4. *Le boulevard Raspail* : boulevard parisien proche du quartier Montparnasse.
5. *Empanachés* : munis d'un panache (assemblage de plumes ornant une coiffure).

■ Simone de Beauvoir en 1945.

plumes d'autruche, des messieurs coiffés de canotiers[1] et de panamas[2] qui sourient à un bébé : ce sont mes parents, mon grand-père,
des oncles, des tantes, et c'est moi. Mon père avait trente ans, ma
mère vingt et un, et j'étais leur premier enfant. Je tourne une page
de l'album ; maman tient dans ses bras un bébé qui n'est pas moi ;
je porte une jupe plissée, un béret, j'ai deux ans et demi, et ma sœur
vient de naître. J'en fus, paraît-il, jalouse, mais pendant peu de
temps. Aussi loin que je me souvienne, j'étais fière d'être l'aînée :
la première. Déguisée en chaperon rouge, portant dans mon panier
galette et pot de beurre, je me sentais plus intéressante qu'un nourrisson cloué dans son berceau. J'avais une petite sœur : ce poupon
ne m'avait pas.

De mes premières années, je ne retrouve guère qu'une impression confuse : quelque chose de rouge, et de noir, et de chaud.
L'appartement était rouge, rouges la moquette, la salle à manger
Henri II[3], la soie gaufrée[4] qui masquait les portes vitrées, et dans
le cabinet[5] de papa les rideaux de velours ; les meubles de cet
antre[6] sacré étaient en poirier noirci ; je me blottissais dans la
niche creusée sous le bureau, je m'enroulais dans les ténèbres ; il
faisait sombre, il faisait chaud et le rouge de la moquette criait
dans mes yeux. Ainsi se passa ma toute petite enfance. Je regar-
dais, je palpais, j'apprenais le monde, à l'abri.

C'est à Louise que j'ai dû la sécurité quotidienne. Elle m'ha-
billait le matin, me déshabillait le soir et dormait dans la même
chambre que moi. Jeune, sans beauté, sans mystère puisqu'elle

---

1. *Canotiers* : chapeaux de paille à bords ronds et à fond plat.

2. *Panamas* : chapeaux d'été larges et souples portés par les hommes.

3. *La salle à manger Henri II* : salle à manger dont les meubles sont dans le
style du règne de Henri II.

4. *Gaufrée* : qui comporte des motifs en relief.

5. *Cabinet* : bureau, lieu de travail.

6. *Antre* : au sens propre, grotte, caverne ; au sens figuré, lieu mystérieux et
inquiétant. Le terme convient parfaitement pour désigner le bureau du père,
souvent dans la pénombre et qui apparaît aux yeux de l'enfant comme un lieu
mystérieux.

n'existait – du moins je le croyais – que pour veiller sur ma sœur et sur moi, elle n'élevait jamais la voix, jamais elle ne me grondait sans raison. Son regard tranquille me protégeait pendant que je faisais des pâtés au Luxembourg [1], pendant que je berçais ma poupée Blondine, descendue du ciel une nuit de Noël avec la malle qui contenait son trousseau [2]. Au soir tombant elle s'asseyait à côté de moi et me montrait des images en me racontant des histoires. Sa présence m'était aussi nécessaire et me paraissait aussi naturelle que celle du sol sous mes pieds.

Ma mère, plus lointaine et plus capricieuse, m'inspirait des sentiments amoureux : je m'installais sur ses genoux, dans la douceur parfumée de ses bras, je couvrais de baisers sa peau de jeune femme ; elle apparaissait parfois la nuit, près de mon lit, belle comme une image, dans sa robe de verdure mousseuse ornée d'une fleur mauve, dans sa scintillante robe de jais [3] noir. Quand elle était fâchée, elle me « faisait les gros yeux » ; je redoutais cet éclair orageux qui enlaidissait son visage ; j'avais besoin de son sourire.

Quant à mon père, je le voyais peu. Il partait chaque matin pour le « Palais [4] », portant sous son bras une serviette [5] pleine de choses intouchables qu'on appelait des dossiers. Il n'avait ni barbe, ni moustache, ses yeux étaient bleus et gais. Quand il rentrait le soir, il apportait à maman des violettes de Parme, ils s'embrassaient et riaient. Papa riait aussi avec moi ; il me faisait chanter : *C'est une auto grise...* ou *Elle avait une jambe de bois* ; il m'ébahissait en cueillant au bout de mon nez des pièces de cent

---

1. *Luxembourg* : jardin parisien qui abrite le palais du Sénat, situé entre Montparnasse et le Quartier latin.

2. *Trousseau* : linge et vêtements.

3. *Jais* : littéralement, pierre de couleur noire. Par extension, désigne un noir vif.

4. *Le « Palais »* : il s'agit du Palais de Justice, situé sur l'île de la Cité, à Paris. Le père de Simone est un homme de loi.

5. *Serviette* : cartable, porte-documents.

sous : Il m'amusait, et j'étais contente quand il s'occupait de moi ; mais il n'avait pas dans ma vie de rôle bien défini.

La principale fonction de Louise et de maman, c'était de me nourrir ; leur tâche n'était pas toujours facile. Par ma bouche, le
60 monde entrait en moi plus intimement que par mes yeux et mes mains. Je ne l'acceptais pas tout entier. La fadeur des crèmes de blé vert, des bouillies d'avoine, des panades[1], m'arrachait des larmes ; l'onctuosité des graisses, le mystère gluant des coquillages me révoltaient ; sanglots, cris, vomissements, mes répugnances
65 étaient si obstinées qu'on renonça à les combattre.

© Gallimard, 1958.

3. Les relations enfant-adultes

La relation enfant-adultes est au cœur de la problématique du récit d'enfance. Tout individu relatant l'histoire de son existence ne manque pas en effet d'évoquer son « roman familial », autrement dit de décrire les relations complexes qu'il entretint, enfant, avec certains membres de son entourage et, plus généralement, avec le monde des adultes.

Les textes que nous proposons montrent que la relation enfant-adultes est un moment fort de la littérature autobiographique. Dans l'épisode célèbre du « peigne cassé » (*Les Confessions*), Rousseau relate sa première expérience de l'injustice, alors qu'il se trouvait en pension en 1722 chez le pasteur Lambercier et sa sœur, à Bossey (près de Genève, en Suisse). Né d'un conflit avec les adultes, l'« incident du peigne » a eu, de l'aveu même de Rousseau, une grande importance dans son histoire personnelle, puisqu'il a mis définitivement un terme à la période heureuse de son enfance... Dans un passage tout aussi célèbre de ses *Mémoires d'outre-tombe* (1848), Chateaubriand évoque quant à lui ses années de jeunesse au

---

1. *Panades* : soupes faites de pain, d'eau et de beurre.

château de Combourg (Bretagne), où il passa deux années, à sa sortie du collège, de 1784 à 1786. Plus que l'atmosphère fantastique des soirées d'automne et d'hiver, on retiendra de ce texte la figure d'un père à la fois distant et tout-puissant qui, bien des années après, semble exercer encore une étrange fascination sur la personne de Chateaubriand.

■ Rousseau (1712-1778),
Les Confessions, I

J'étudiais un jour seul ma leçon dans la chambre contiguë [1] à la cuisine. La servante avait mis sécher à la plaque [2] les peignes de Mlle Lambercier. Quand elle revint les prendre, il s'en trouva un dont tout un côté de dents était brisé. À qui s'en prendre de ce
5 dégât ? personne autre que moi n'était entré dans la chambre. On m'interroge : je nie d'avoir touché le peigne. M. et Mlle Lambercier se réunissent, m'exhortent [3], me pressent, me menacent ; je persiste avec opiniâtreté [4] ; mais la conviction était trop forte, elle l'emporta sur toutes mes protestations, quoique ce fût la première fois qu'on
10 m'eût trouvé tant d'audace à mentir. La chose fut prise au sérieux ; elle méritait de l'être. La méchanceté, le mensonge, l'obstination, parurent également dignes de punition ; mais pour le coup ce ne fut pas par Mlle Lambercier qu'elle me fut infligée. On écrivit à mon oncle Bernard ; il vint. Mon pauvre cousin [5] était chargé d'un autre
15 délit, non moins grave : nous fûmes enveloppés dans la même exécution. Elle fut terrible.

---

1. *Contiguë* : voisine de, attenante à.
2. *Sécher à la plaque* : sécher dans une niche (cavité) pratiquée dans un mur derrière lequel se trouve une cheminée.
3. *M'exhortent* : me supplient avec insistance.
4. *Opiniâtreté* : obstination.
5. Le fils de l'oncle Bernard, du même âge que Jean-Jacques, est en pension avec lui chez les Lambercier.

■ Jean-Jacques Rousseau (gravure du XVIIIe siècle).

Quand, cherchant le remède dans le mal même, on eût voulu pour jamais amortir mes sens dépravé, on n'aurait pu mieux s'y prendre. Aussi me laissèrent-ils en repos pour longtemps.

20 On ne put m'arracher l'aveu qu'on exigeait. Repris à plusieurs fois et mis dans l'état le plus affreux, je fus inébranlable. J'aurais souffert la mort, et j'y étais résolu. Il fallut que la force même cédât au diabolique entêtement d'un enfant ; car on n'appela pas autrement ma constance[1]. Enfin je sortis de cette cruelle épreuve en 25 pièces, mais triomphant.

Il y a maintenant près de cinquante ans de cette aventure, et je n'ai pas peur d'être puni derechef[2] pour le même fait ; hé bien, je déclare à la face du ciel que j'en étais innocent, que je n'avais ni cassé ni touché le peigne, que je n'avais pas approché de la plaque, 30 et que je n'y avais pas même songé. Qu'on ne me demande pas comment le dégât se fit, je l'ignore et ne le puis comprendre ; ce que je sais très certainement, c'est que j'en étais innocent.

Qu'on se figure un caractère timide et docile dans la vie ordinaire, mais ardent, fier, indomptable dans les passions ; un enfant 35 toujours gouverné par la voix de la raison, toujours traité avec douceur, équité[3], complaisance, qui n'avait pas même l'idée de l'injustice, et qui pour la première fois en éprouve une si terrible de la part précisément des gens qu'il chérit et qu'il respecte le plus : quel renversement d'idées ! quel désordre de sentiments ! quel 40 bouleversement dans son cœur, dans sa cervelle, dans tout son petit être intelligent et moral ! Je dis qu'on s'imagine tout cela, s'il est possible ; car pour moi je ne me sens pas capable de démêler, de suivre la moindre trace de ce qui se passait alors en moi. [...]

Je sens en écrivant ceci que mon pouls[4] s'élève encore ; ces 45 moments me seront toujours présents, quand je vivrais[5] cent

---

1. **Constance** : ici, fermeté.
2. **Derechef** : de nouveau.
3. **Équité** : justice.
4. **Mon pouls** : les battements de mon cœur.
5. **Quand je vivrais** : même si je devais vivre.

mille ans. Ce premier sentiment de la violence et de l'injustice est resté si profondément gravé dans mon âme, que toutes les idées qui s'y rapportent me rendent ma première émotion ; et ce senti-ment, relatif à moi dans son origine, a pris une telle consistance
50 en lui-même, et s'est tellement détaché de tout intérêt personnel, que mon cœur s'enflamme au spectacle ou au récit de toute action injuste, quel qu'en soit l'objet et en quelque lieu qu'elle se commette, comme si l'effet en retombait sur moi. Quand je lis les cruautés d'un tyran féroce, les subtiles noirceurs d'un fourbe de
55 prêtre, je partirais volontiers pour aller poignarder ces misérables, dussé-je [1] cent fois y périr. Je me suis souvent mis en nage à poursuivre à la course ou à coups de pierre un coq, une vache, un chien, un animal que je voyais en tourmenter un autre, uni-quement parce qu'il se sentait le plus fort. Ce mouvement peut
60 m'être naturel, et je crois qu'il l'est ; mais le souvenir profond de la première injustice que j'ai soufferte y fut trop longtemps et trop fortement lié pour ne l'avoir pas beaucoup renforcé.

Là fut le terme de la sérénité de ma vie enfantine. Dès ce moment je cessai de jouir d'un bonheur pur, et je sens aujourd'hui
65 même que le souvenir des charmes de mon enfance s'arrête là.

■ Chateaubriand (1768-1848), *Mémoires d'outre-tombe*, III, 3

Mon père se levait à quatre heures du matin, hiver comme été : il venait dans la cour intérieure appeler et éveiller son valet de chambre, à l'entrée de l'escalier de la tourelle [2]. On lui appor-tait un peu de café à cinq heures ; il travaillait ensuite dans son
5 cabinet [3] jusqu'à midi. Ma mère et ma sœur déjeunaient chacune

---

1. *Dussé-je* : même si je devais.
2. Le valet de M. de Chateaubriand dort dans une dépendance située au pied d'une des tourelles du château.
3. *Cabinet* : voir la note 5, p. 34.

■ *Portrait de Chateaubriand* par Girodet (musée de Saint-Malo).

dans leur chambre, à huit heures du matin. Je n'avais aucune heure fixe, ni pour me lever, ni pour déjeuner : j'étais censé étudier jusqu'à midi : la plupart du temps je ne faisais rien.

À onze heures et demie, on sonnait le dîner que l'on servait à
10 midi. La grand-salle était à la fois salle à manger et salon : on dînait et l'on soupait[1] à l'une de ses extrémités du côté de l'est ; après les repas, on se venait placer à l'autre extrémité du côté de l'ouest, devant une énorme cheminée. La grand-salle était boisée, peinte en gris blanc et ornée de vieux portraits depuis le règne de
15 François Ier jusqu'à celui de Louis XIV ; parmi ces portraits, on distinguait ceux de Condé et de Turenne[2] : un tableau, représentant Hector tué par Achille[3] sous les murs de Troie, était suspendu au-dessus de la cheminée.

Le dîner fait, on restait ensemble jusqu'à deux heures. Alors,
20 si l'été, mon père prenait le divertissement de la pêche, visitait ses potagers, se promenait dans l'étendue du vol du chapon[4] ; si l'automne et l'hiver, il partait pour la chasse, ma mère se retirait dans la chapelle, où elle passait quelques heures en prières. Cette chapelle était un oratoire[5] sombre, embelli de bons tableaux des
25 plus grands maîtres, qu'on ne s'attendrait guère à trouver dans un château féodal, au fond de la Bretagne. J'ai aujourd'hui, en ma possession, une *Sainte Famille* de l'Albane[6], peinte sur cuivre, tirée de cette chapelle : c'est tout ce qui me reste de Combourg.

---

1. *On dînait et l'on soupait* : sous l'Ancien Régime, la journée était rythmée par trois repas : le *déjeuner* (petit déjeuner actuel) au lever du soleil, le *dîner* (déjeuner actuel) aux environs de midi et le *souper* (dîner actuel) au coucher du soleil.

2. *Condé* (1621-1686), *Turenne* (1611-1675) : deux chefs militaires qui combattirent pour Louis XIV.

3. *Hector tué par Achille* : Homère, dans *L'Iliade*, raconte la guerre de Troie, et l'épisode où Achille, héros grec, tue le Troyen Hector.

4. *L'étendue du vol du chapon* : la distance couverte par le vol d'un chapon (environ un demi-hectare).

5. *Oratoire* : lieu destiné à la prière.

6. *L'Albane* (1578-1660) : peintre italien, originaire de la ville de Bologne.

Mon père parti et ma mère en prières, Lucile[1] s'enfermait dans
30 sa chambre ; je regagnais ma cellule, ou j'allais courir les champs.
À huit heures, la cloche annonçait le souper. Après le souper,
dans les beaux jours, on s'asseyait sur le perron. Mon père, armé
de son fusil, tirait les chouettes qui sortaient des créneaux[2] à
l'entrée de la nuit. Ma mère, Lucile et moi, nous regardions le
35 ciel, les bois, les derniers rayons du soleil, les premières étoiles.
À dix heures, on rentrait et l'on se couchait.
Les soirées d'automne et d'hiver étaient d'une autre nature. Le
souper fini et les quatre convives revenus de la table à la cheminée,
ma mère se jetait, en soupirant, sur un vieux lit de jour[3] de sia-
40 moise flambée[4] ; on mettait devant elle un guéridon[5] avec une
bougie. Je m'asseyais auprès du feu avec Lucile ; les domestiques
enlevaient le couvert et se retiraient. Mon père commençait alors
une promenade, qui ne cessait qu'à l'heure de son coucher. Il était
vêtu d'une robe de ratine[6] blanche, ou plutôt d'une espèce de
45 manteau que je n'ai vu qu'à lui. Sa tête, demi-chauve, était couverte d'un grand bonnet blanc qui se tenait tout droit. Lorsqu'en se
promenant, il s'éloignait du foyer, la vaste salle était si peu éclairée
par une seule bougie qu'on ne le voyait plus ; on l'entendait seulement encore marcher dans les ténèbres : puis il revenait lentement
50 vers la lumière et émergeait peu à peu de l'obscurité, comme un
spectre, avec sa robe blanche, son bonnet blanc, sa figure longue et
pâle. Lucile et moi, nous échangions quelques mots à voix basse,
quand il était à l'autre bout de la salle ; nous nous taisions quand il
se rapprochait de nous. Il nous disait, en passant : « De quoi par-
55 liez-vous ? » Saisis de terreur, nous ne répondions rien ; il

1. *Lucile* : sœur de Chateaubriand.
2. *Créneaux* : ouvertures pratiquées au sommet d'un rempart ou d'une tour
dans un château.
3. *Lit de jour* : lit de repos pour la journée.
4. *Siamoise flambée* : tissu de coton.
5. *Guéridon* : table ronde munie d'un seul pied.
6. *Ratine* : tissu de laine épais.

continuait sa marche. Le reste de la soirée, l'oreille n'était plus frappée que du bruit mesuré de ses pas, des soupirs de ma mère et du murmure du vent.

60 Dix heures sonnaient à l'horloge du château : mon père s'arrêtait ; le même ressort, qui avait soulevé le marteau de l'horloge, semblait avoir suspendu ses pas. Il tirait sa montre, la montait[1], prenait un grand flambeau d'argent surmonté d'une grande bougie, entrait un moment dans la petite tour de l'ouest, puis revenait, son flambeau à la main, et s'avançait vers sa chambre à coucher

65 dépendante de la petite tour de l'est. Lucile et moi, nous nous tenions sur son passage ; nous l'embrassions, en lui souhaitant une bonne nuit. Il penchait vers nous sa joue sèche et creuse sans nous répondre, continuait sa route et se retirait au fond de la tour, dont nous entendions les portes se refermer sur lui.

70 Le talisman[2] était brisé ; ma mère, ma sœur et moi, transformés en statues par la présence de mon père, nous recouvrions les fonctions de la vie. Le premier effet de notre désenchantement[3] se manifestait par un débordement de paroles : si le silence nous avait opprimés, il nous le payait cher.

4. Naissance de la vocation littéraire

Passage obligé du texte autobiographique, le récit d'enfance s'articule souvent autour de certains moments forts : la naissance, le premier souvenir, la relation avec le père et la mère, l'apprentissage de la parole, les livres, l'école, etc. Parmi ces « éléments invariants », la découverte de la vocation littéraire occupe une place centrale. Après Jean-Jacques Rousseau, qui décrit au début de ses *Confessions* l'intérêt passionné qu'il porta, enfant, aux romans,

---

1. *La montait* : la remontait.
2. *Talisman* : objet auquel on attribue des vertus magiques. Ici, charme, sortilège.
3. *Notre désenchantement* : la rupture du charme qui opérait sur nous.

Nathalie Sarraute et Jean-Paul Sartre racontent respectivement dans *Enfance* (1983) et *Les Mots* (1964) comment s'est nouée leur vocation d'écrivain.

■ Nathalie Sarraute (1900-1999), *Enfance*

On a mis dans ma chambre une vieille commode achetée chez un brocanteur, elle est en bois sombre, avec une épaisse plaque de marbre noir, des tiroirs ouverts se dégage une forte odeur de renfermé, de moisi, ils contiennent plusieurs énormes
5 volumes reliés en carton recouvert d'un papier noir à veinules[1] jaunâtres... le marchand a oublié ou peut-être négligé de les retirer... c'est un roman de Ponson du Terrail, *Rocambole*[2].

Tous les sarcasmes[3] de mon père... « C'est de la camelote, ce n'est pas un écrivain, il a écrit... je n'en ai, quant à moi, jamais lu
10 une ligne... mais il paraît qu'il a écrit des phrases grotesques... "Elle avait les mains froides comme celles d'un serpent..." c'est un farceur, il se moquait de ses personnages, il les confondait, les oubliait, il était obligé pour se les rappeler de les représenter par des poupées qu'il enfermait dans ses placards, il les en sortait à tort
15 et à travers, celui qu'il avait fait mourir, quelques chapitres plus loin revient bien vivant... tu ne vas tout de même pas perdre ton temps... » Rien n'y fait... dès que j'ai un moment libre je me dépêche de retrouver ces grandes pages gondolées[4], comme encore un peu humides, parsemées de taches verdâtres, d'où émane quelque

---

1. Veinules : ramifications.
2. Rocambole est un roman de Ponson du Terrail (1829-1871), romancier français qui s'illustra dans la veine du roman d'aventures. Rocambole est le personnage principal de nombreux romans-feuilletons de cet auteur et le héros d'aventures extraordinaires et invraisemblables (d'où l'adjectif « rocambolesque »).
3. Sarcasmes : railleries, moqueries.
4. Gondolées : gonflées sous l'effet de l'humidité.

■ Nathalie Sarraute en 1958.

20　chose d'intime, de secret... une douceur qui ressemble un peu à celle qui plus tard m'enveloppait dans une maison de province, vétuste [1], mal aérée, où il y avait partout des petits escaliers, des portes dérobées, des passages, des recoins sombres...

Voici enfin le moment attendu où je peux étaler le volume sur
25　mon lit, l'ouvrir à l'endroit où j'ai été forcée d'abandonner... je m'y jette, je tombe... impossible de me laisser arrêter, retenir par les mots, par leur sens, leur aspect, par le déroulement des phrases, un courant invisible m'entraîne avec ceux à qui de tout mon être imparfait mais avide de perfection je suis attachée, à
30　eux qui sont la bonté, la beauté, la grâce, la noblesse, la pureté, le courage mêmes... je dois avec eux affronter des désastres, courir d'atroces dangers, lutter au bord de précipices, recevoir dans le dos des coups de poignards, être séquestrée [2], maltraitée par d'affreuses mégères [3], menacée d'être perdue à jamais... et
35　chaque fois quand nous sommes tout au bout de ce que je peux endurer, quand il n'y a plus le moindre espoir, plus la plus légère possibilité, la plus fragile vraisemblance... cela nous arrive... un courage insensé, la noblesse, l'intelligence parviennent juste à temps à nous sauver...

40　C'est un moment de bonheur intense... toujours très bref... bientôt les transes, les affres [4] me reprennent... évidemment les plus valeureux, les plus beaux, les plus purs ont jusqu'ici eu la vie sauve... jusqu'à présent... mais comment ne pas craindre que cette fois... il est arrivé à des êtres à peine moins parfaits... si,
45　tout de même, ils l'étaient moins, et ils étaient moins séduisants, j'y étais moins attachée, mais j'espérais que pour eux aussi, ils le méritaient, se produirait au dernier moment... eh bien non, ils étaient, et avec eux une part arrachée à moi-même, précipités du haut des falaises, broyés, noyés, mortellement blessés... car le

---

1. **Vétuste** : vieille et en mauvais état.
2. **Séquestrée** : retenue prisonnière.
3. **Mégères** : femmes méchantes.
4. **Les transes, les affres** : un état de profonde inquiétude, d'appréhension.

50 Mal est là, partout, toujours prêt à frapper… Il est aussi fort que le
Bien, il est à tout moment sur le point de vaincre… et cette fois
tout est perdu, tout ce qu'il peut y avoir sur terre de plus noble, de
plus beau… le Mal s'est installé solidement, il n'a négligé aucune
précaution, il n'a plus rien à craindre, il savoure à l'avance son
55 triomphe, il prend son temps… et c'est à ce moment-là qu'il faut
répondre à des voix d'un autre monde… « Mais on t'appelle, c'est
servi, tu n'entends pas ? »… il faut aller au milieu de ces gens
petits, raisonnables, prudents, rien ne leur arrive, que peut-il arri-
ver là où ils vivent… là tout est si étriqué, mesquin, parcimo-
60 nieux [1]… alors que chez nous là-bas, on voit à chaque instant des
palais, des hôtels, des meubles, des objets, des jardins, des équipages de toute beauté, comme on n'en voit jamais ici, des flots de
pièces d'or, des rivières de diamants… « Qu'est-ce qu'il arrive à
Natacha [2] ? » j'entends une amie venue dîner poser tout bas cette
65 question à mon père… mon air absent, hagard, peut-être dédai-
gneux a dû la frapper… et mon père lui chuchote à l'oreille…
« Elle est plongée dans *Rocambole* ! » L'amie hoche la tête d'un air
qui signifie « Ah, je comprends… »
Mais qu'est-ce qu'ils peuvent comprendre…

■ Jean-Paul Sartre (1905-1980), *Les Mots*

À peine eus-je commencé d'écrire, je posai ma plume pour
jubiler [3]. L'imposture était la même mais j'ai dit que je tenais
les mots pour la quintessence [4] des choses. Rien ne me troublait

---

1. *Etriqué*, *mesquin*, *parcimonieux* : étroit, médiocre, qui manque de géné-
rosité.
2. *Natacha* : forme russe du prénom de l'auteur (Nathalie). Nathalie Sarraute
est née en Russie (Ivanovo, 1900) et a émigré en France pendant son enfance.
3. *Jubiler* : se réjouir de quelque chose.
4. *La quintessence* : le meilleur, ce qu'il y a d'essentiel.

■ Jean-Paul Sartre.

plus que de voir mes pattes de mouche échanger peu à peu leur
5 luisance de feux follets contre la terne consistance de la matière :
c'était la réalisation de l'imaginaire. Pris au piège de la nomination[1], un lion, un capitaine du Second Empire, un Bédouin[2]
s'introduisaient dans la salle à manger ; ils y demeuraient à jamais
captifs, incorporés par les signes ; je crus avoir ancré mes rêves
10 dans le monde par les grattements d'un bec d'acier. Je me fis
donner un cahier, une bouteille d'encre violette, j'inscrivis sur la
couverture : « Cahier de romans. » Le premier que je menai à bout,
je l'intitulai : « Pour un papillon ». Un savant, sa fille, un jeune
explorateur athlétique remontaient le cours de l'Amazone[3] en
15 quête d'un papillon précieux. L'argument[4], les personnages, le
détail des aventures, le titre même, j'avais tout emprunté à un
récit en images paru le trimestre précédent. Ce plagiat[5] délibéré
me délivrait de mes dernières inquiétudes : tout était forcément
vrai puisque je n'inventais rien. Je n'ambitionnais pas d'être
20 publié mais je m'étais arrangé pour qu'on m'eût imprimé
d'avance et je ne traçais pas une ligne que mon modèle ne cau-
tionnât. Me tenais-je pour un copiste[6] ? Non. Mais pour un
auteur original : je retouchais, je rajeunissais ; par exemple, j'avais
pris soin de changer les noms des personnages. Ces légères altéra-
25 tions m'autorisaient à confondre la mémoire et l'imagination.
Neuves et tout écrites, des phrases se reformaient dans ma tête
avec l'implacable sûreté qu'on prête à l'inspiration. Je les transcri-
vais, elles prenaient sous mes yeux la densité des choses. Si
l'auteur inspiré, comme on croit communément, est autre que soi
30 au plus profond de soi-même, j'ai connu l'inspiration entre sept et
huit ans.

---

1. *Nomination* : fait d'attribuer ou, ici, de se voir attribuer un nom.
2. *Bédouin* : nomade arabe du désert.
3. *L'Amazone* : fleuve d'Amérique du Sud qui naît dans le massif monta-
gneux des Andes et qui rejoint l'Atlantique en traversant le Brésil.
4. *Argument* : sujet d'un livre, intrigue.
5. *Plagiat* : acte de copier un livre en s'attribuant les parties pillées.
6. *Copiste* : ici, plagiaire, écrivain qui recopie des écrits.

Je ne fus jamais tout à fait dupe de cette «écriture automatique». Mais le jeu me plaisait aussi pour lui-même : fils unique, je pouvais y jouer seul. Par moments, j'arrêtais ma main, je feignais
35 d'hésiter pour me sentir, front sourcilleux, regard halluciné, *un écrivain*. J'adorais le plagiat, d'ailleurs, par snobisme et je le poussais délibérément à l'extrême comme on va voir.

Boussenard et Jules Verne[1] ne perdent pas une occasion d'instruire : aux instants les plus critiques, ils coupent le fil du
40 récit pour se lancer dans la description d'une plante vénéneuse, d'un habitat indigène. Lecteur, je sautais ces passages didactiques[2] ; auteur, j'en bourrai mes romans ; je prétendis enseigner à mes contemporains tout ce que j'ignorais : les mœurs des Fuégiens[3], la flore africaine, le climat du désert. Séparés par un coup
45 du sort puis embarqués sans le savoir sur le même navire et victimes du même naufrage, le collectionneur de papillons et sa fille s'accrochaient à la même bouée, levaient la tête, chacun jetait un cri : «Daisy ! », «Papa ! ». Hélas un squale[4] rôdait en quête de chair fraîche, il s'approchait, son ventre brillait entre les
50 vagues. Les malheureux échapperaient-ils à la mort ? J'allais chercher le tome «Pr-Z» du Grand Larousse, je le portais péniblement jusqu'à mon pupitre, l'ouvrais à la bonne page et copiais mot pour mot en passant à la ligne : «Les requins sont communs dans l'Atlantique tropical. Ces grands poissons de mer très voraces
55 atteignent jusqu'à treize mètres de long et pèsent jusqu'à huit tonnes… » Je prenais tout mon temps pour transcrire l'article : je me sentais délicieusement ennuyeux, aussi distingué que Boussenard et, n'ayant pas encore trouvé le moyen de sauver mes héros, je mijotais dans des transes exquises.

---

1. *Boussenard* (1874-1910), *Jules Verne* (1828-1905) : auteurs de romans d'aventures.
2. *Didactiques* : qui visent à instruire.
3. *Fuégiens* : peuples nomades de la partie méridionale de l'Amérique latine (Terre de Feu et Patagonie).
4. *Squale* : espèce de requin.

60   Tout destinait cette activité nouvelle à n'être qu'une singerie de plus. Ma mère me prodiguait[1] les encouragements, elle introduisait les visiteurs dans la salle à manger pour qu'ils surprissent le jeune créateur à son pupitre d'écolier ; je feignais d'être trop absorbé pour sentir la présence de mes admirateurs ; ils se reti-
65 raient sur la pointe des pieds en murmurant que j'étais trop mignon, que c'était trop charmant. Mon oncle Émile me fit cadeau d'une petite machine à écrire dont je ne me servis pas, Mme Picard m'acheta une mappemonde[2] pour que je puisse fixer sans risque d'erreur l'itinéraire de mes *globe-trotters*. Anne-
70 Marie[3] recopia mon second roman *Le Marchand de bananes* sur du papier glacé, on le fit circuler. Mamie elle même m'encourageait : «Au moins, disait-elle, il est sage, il ne fait pas de bruit.»

© Gallimard.

5. Aveux et confessions : l'éveil des sens

    L'exigence de sincérité poursuivie par l'autobiographe pousse ce dernier à dévoiler des pans de son intimité, à mettre son cœur à nu, à faire toute la lumière sur ses «zones d'ombre». Assortie d'une certaine forme d'exhibitionnisme, cette entreprise de dévoilement n'est pas sans ressemblance avec le rite religieux de la confession. À la manière du fidèle qui avoue au prêtre catholique ses péchés dans le secret du confessionnal, l'autobiographe s'adresse dans son récit à un destinataire invisible, le lecteur, à qui il révèle ses erreurs de parcours, ses déficiences ou ses vices secrets.

---

1. *Me prodiguait* : me distribuait sans compter.
2. *Mappemonde* : carte représentant le globe terrestre divisé en deux hémisphères.
3. *Anne-Marie* : la mère de Jean-Paul Sartre.

Les aveux de l'autobiographie tournent souvent autour d'un domaine tabou par excellence : la sexualité. Passant par-dessus sa pudeur naturelle, l'autobiographe est en effet amené à révéler dans son récit ses premiers émois d'homme (ou de femme).

Dans ses *Confessions*, Jean-Jacques Rousseau montre comment une fessée infligée à l'âge de huit ans a déterminé sa sexualité d'homme mûr. Quand à Michel Leiris, il exhibe lui aussi son histoire sexuelle dans *L'Âge d'homme* (1939), premier volume de sa somme autobiographique *La Règle du jeu*. Comme chez Rousseau le récit autobiographique devient l'expression d'une vérité indicible, innommable : la découverte de la sexualité.

■ Rousseau (1712-1778), *Les Confessions*, I

Comme Mlle Lambercier[1] avait pour nous l'affection d'une mère, elle en avait aussi l'autorité, et la portait quelquefois jusqu'à nous infliger la punition des enfants[2] quand nous l'avions méritée. Assez longtemps elle s'en tint à la menace, et cette menace d'un
5 châtiment tout nouveau pour moi me semblait très effrayante ; mais après l'exécution, je la trouvai moins terrible à l'épreuve que l'attente ne l'avait été : et ce qu'il y a de plus bizarre est que ce châtiment m'affectionna[3] davantage encore à celle qui me l'avait imposé. Il fallait même toute la vérité de cette affection et toute ma
10 douceur naturelle pour m'empêcher de chercher le retour du même traitement en le méritant ; car j'avais trouvé dans la douleur, dans la honte même, un mélange de sensualité qui m'avait laissé plus de désir que de crainte de l'éprouver derechef[4] par la même main. Il est vrai que, comme il se mêlait sans doute à cela quelque instinct

---

1. *Mlle Lambercier* : voir p. 37.
2. *La punition des enfants* : la fessée.
3. *M'affectionna* : m'attacha par l'affection.
4. *Derechef* : voir la note 2, p. 39.

15 précoce du sexe, le même châtiment reçu de son frère ne m'eût
point du tout paru plaisant. Mais, de l'humeur dont il était[1], cette
substitution n'était guère à craindre : et si je m'abstenais de mériter
la correction, c'était uniquement de peur de fâcher Mlle Lambercier ;
car tel est en moi l'empire de la bienveillance, et même de celle que
20 les sens ont fait naître, qu'elle leur donna toujours la loi dans mon
cœur.

Cette récidive[2], que j'éloignais sans la craindre, arriva sans
qu'il y eût de ma faute[3], c'est-à-dire de ma volonté, et j'en profitai,
je puis dire, en sûreté de conscience[4]. Mais cette seconde fois fut
25 aussi la dernière ; car Mlle Lambercier, s'étant aperçue à quelque
signe que ce châtiment n'allait pas à son but, déclara qu'elle y
renonçait, et qu'il la fatiguait trop. Nous avions jusque-là couché
dans sa chambre, et même en hiver quelquefois dans son lit. Deux
jours après on nous fit coucher dans une autre chambre, et j'eus
30 désormais l'honneur, dont je me serais bien passé, d'être traité par
elle en grand garçon.

Qui croirait que ce châtiment d'enfant, reçu à huit ans par la
main d'une fille de trente[5], a décidé de mes goûts, de mes désirs,
de mes passions, de moi pour le reste de ma vie, et cela précisé-
35 ment dans le sens contraire à ce qui devait s'ensuivre naturellement ? En même temps que mes sens furent allumés, mes désirs
prirent si bien le change, que, bornés à ce que j'avais éprouvé, ils
ne s'avisèrent point de chercher autre chose. Avec un sang brû-
lant de sensualité presque dès ma naissance, je me conservai pur
40 de toute souillure jusqu'à l'âge où les tempéraments les plus

---

1. *De l'humeur dont il était* : le pasteur Lambercier était d'un naturel bon et
aimable.
2. *Récidive* : fait de commettre la même faute, la même erreur.
3. *Sans qu'il y eût de ma faute* : sans que cela soit de ma faute.
4. *En sûreté de conscience* : la conscience tranquille.
5. Si l'on en croit certains critiques, Rousseau se rajeunit ici de trois ans (il
avait alors onze ans au moment des faits, en 1723) et il rajeunit également
Mlle Lambercier (qui avait alors quarante ans).

froids et les plus tardifs se développent. Tourmenté longtemps sans savoir de quoi, je dévorais d'un œil ardent les belles personnes ; mon imagination me les rappelait sans cesse, uniquement pour les mettre en œuvre à ma mode, et en faire autant de
45 demoiselles Lambercier.

■ Michel Leiris (1901-1990), *L'Âge d'homme*

Âgé de six ou sept ans, je me promenais un jour avec ma mère ainsi que mes frères et sœur dans un bois de la banlieue parisienne proche de la localité où ma famille, en ce temps-là, allait passer l'été. Nous nous arrêtâmes dans une clairière pour le goûter et,
5 d'une manière absolument inopinée, ce lieu devint le théâtre de ma première érection. L'événement qui avait motivé mon émoi était la vue d'un groupe d'enfants – filles et garçons à peu près de mon âge – grimpant pieds nus à des arbres. J'étais bouleversé, par la pitié me semblait-il, sentiment qu'on m'avait enseigné à éprou-
10 ver à l'égard des « petits pauvres ». Sur le moment je n'établis aucun rapport direct entre la modification qui affectait mon sexe et le spectacle qui m'était offert ; simplement je constatai une bizarre coïncidence. Beaucoup plus tard, j'ai cru me rappeler la sensation étrange que j'éprouvais alors imaginant ce que devait faire ressen-
15 tir d'à la fois plaisant et douloureux aux enfants en question le contact de la plante de leurs pieds et de leurs orteils nus avec l'écorce rugueuse. Peut-être l'aspect minable de ces enfants – vêtus de haillons – avait-il une part immédiate à mon trouble, ainsi que la pointe de vertige qu'engendrait l'appréhension de leur chute ?
20 Quoi qu'il en soit, cette érection brusque, et mystérieuse dans sa cause puisque je n'établissais aucun lien entre la représentation qui l'avait provoquée et le phénomène lui-même, correspondait à une sorte d'irruption de la nature dans mon corps, soudaine entrée en scène du monde extérieur puisque, sans être encore

■ Michel Leiris pose en 1979 à côté du portrait qu'a réalisé de lui le peintre Francis Bacon.

²⁵ capable de trouver le mot de l'énigme, je notai du moins une coïncidence, impliquant un parallélisme entre deux séries de faits : ce qui se passait dans mon corps, et les événements extérieurs, dont je n'avais jusqu'alors jamais tenu compte en tant que se déroulant dans un milieu réellement séparé.

II. Les autres écritures du moi

Si l'autobiographie occupe une place centrale dans le champ de la littérature intime, elle n'est pas pour autant la seule forme d'expression personnelle. Elle voisine avec d'autres genres qui ne se soumettent pas à tel ou tel de ses traits distinctifs (l'identité auteur-narrateur-personnage, la dimension rétrospective du récit, l'histoire d'une personnalité) mais qui, comme elle, contribuent à donner une image fidèle du « moi ». Voici un tour d'horizon des différentes « écritures du moi ».

1. Les mémoires

Une différence de taille sépare l'autobiographie des mémoires. Alors que l'auteur d'une autobiographie est généralement un homme de lettres, un artiste ou un individu ordinaire qui cherche à donner *a posteriori* un sens à son existence, l'auteur de mémoires est le plus souvent un personnage public qui relate les événements historiques auxquels il a pris part en tant qu'acteur ou témoin. Si l'autobiographe fait le récit de sa vie pour mieux se connaître lui-même, le mémorialiste écrit donc avant tout pour communiquer au lecteur ses expériences et sa vision personnelle de l'Histoire...

Dans le texte suivant, extrait de ses *Mémoires de guerre* (1954), le général de Gaulle (1890-1970) évoque les scènes de ferveur populaire qui eurent lieu le 26 août 1944, au lendemain de la libération de Paris, et souligne le rôle personnel qu'il joua dans la victoire finale sur les forces allemandes. Plus que les scènes de liesse consécutives à la victoire sur l'Allemagne hitlérienne, on retiendra de ce texte la mission historique que le général de Gaulle a conscience d'assumer à la fin de la Seconde Guerre mondiale.

■ **Charles de Gaulle (1890-1970),**
   ***Mémoires de guerre*, II**

26 août 1944

Je ranime la flamme[1]. Depuis le 14 juin 1940[2], nul n'avait pu le faire qu'en présence de l'envahisseur. Puis, je quitte la voûte et le terre-plein. Les assistants s'écartent. Devant moi, les Champs-Élysées !

5   Ah ! C'est la mer ! Une foule immense est massée de part et d'autre de la chaussée. Peut-être deux millions d'âmes. Les toits aussi sont noirs de monde. À toutes les fenêtres s'entassent des groupes compacts, pêle-mêle avec des drapeaux. Des grappes humaines sont accrochées à des échelles, des mâts, des réver-
10 bères. Si loin que porte ma vue, ce n'est qu'une houle vivante, dans le soleil, sous le tricolore[3].

Je vais à pied. Ce n'est pas le jour de passer une revue[4] où brillent les armes et sonnent les fanfares. Il s'agit, aujourd'hui, de rendre à lui-même, par le spectacle de sa joie et l'évidence de sa
15 liberté, un peuple qui fut, hier, écrasé par la défaite et dispersé par la servitude. Puisque chacun de ceux qui sont là a, dans son cœur, choisi Charles de Gaulle comme recours de sa peine et symbole de son espérance, il s'agit qu'il le voie, familier et fraternel, et qu'à cette vue resplendisse l'unité nationale. Il est vrai que des états-

---

1. *Je ranime la flamme* : il s'agit de la flamme située sous l'Arc de triomphe et qui est consacrée à perpétuer le souvenir du soldat inconnu.
2. *Le 14 juin 1940* : date de l'entrée des troupes allemandes dans Paris.
3. *Le tricolore* : le drapeau tricolore.
4. *Passer une revue* : pour un militaire gradé, faire l'inspection de ses troupes au garde-à-vous.

20 majors se demandent si l'irruption d'engins blindés ennemis ou le passage d'une escadrille jetant des bombes ou mitraillant le sol ne vont pas décimer cette masse et y déchaîner la panique. Mais moi, ce soir, je crois à la fortune [1] de la France. Il est vrai que le service d'ordre craint de ne pouvoir contenir la poussée de la multitude.

25 Mais je pense, au contraire, que celle-ci se disciplinera. Il est vrai qu'au cortège des compagnons qui ont qualité pour me suivre se joignent, indûment [2], des figurants de supplément. Mais ce n'est pas eux qu'on regarde. Il est vrai, enfin, que moi-même n'ai pas le physique, ni le goût, des attitudes et des gestes qui peuvent flatter

30 l'assistance. Mais je suis sûr qu'elle ne les attend pas.

Je vais donc, ému et tranquille, au milieu de l'exultation indicible [3] de la foule, sous la tempête des voix qui font retentir mon nom, tâchant, à mesure, de poser mes regards sur chaque flot de cette marée afin que la vue de tous ait pu entrer dans mes yeux,

35 élevant et abaissant les bras pour répondre aux acclamations. Il se passe, en ce moment, un de ces miracles de la conscience nationale, un de ces gestes de la France, qui parfois, au long des siècles, viennent illuminer notre Histoire. Dans cette communauté, qui n'est qu'une seule pensée, un seul élan, un seul cri, les

40 différences s'effacent, les individus disparaissent. Innombrables Français dont je m'approche tour à tour, à l'Étoile, au Rond-Point, à la Concorde [4], devant l'Hôtel de Ville, sur le parvis de la Cathédrale [5], si vous saviez comme vous êtes pareils ! Vous, les enfants, si pâles ! qui trépignez et criez de joie ; vous, les femmes,

45 portant tant de chagrins, qui me jetez vivats [6] et sourires ; vous,

---

1. Fortune : chance.

2. Indûment : de manière illégitime.

3. Exultation indicible : gaieté, allégresse inexprimable.

4. À l'Étoile, au Rond-Point, à la Concorde : la place de l'Étoile (Arc de triomphe), le rond-point des Champs-Élysées et la place de la Concorde se situent respectivement à l'extrémité ouest, au milieu et à l'extrémité est des Champs-Élysées, que descend le général de Gaulle.

5. La Cathédrale : Notre-Dame de Paris.

6. Vivats : bravos, acclamations en l'honneur de quelqu'un.

Aux origines de l'autoportrait

Dans les arts de l'image, l'autoportrait permet à l'artiste de se représenter lui-même. Il s'agit d'une forme très ancienne qu'on retrouve dès le Moyen Âge, dans des enluminures qui montrent l'artiste au travail. Mais c'est sans doute avec *L'Homme au turban rouge* peint par Jan van Eyck en 1433 que l'autoportrait acquiert sa dimension réflexive, comme miroir de l'homme et de son âme. Des maîtres de la Renaissance tels que Dürer (1471-1528) ou Rembrandt (1606-1669) s'en emparent à leur tour. À l'époque, l'autoportrait participe de cette admiration pour la nature humaine que manifestent tant la littérature que la philosophie ou les arts plastiques.

◀ Dürer, *Autoportrait, étude de main et d'oreiller* (1493), New York (États-Unis), Metropolitan Museum of Art.
Dans ce dessin, l'artiste se concentre sur plusieurs éléments : le visage, la main mais aussi l'oreiller, qui participe à la mise en scène du corps.
La main du peintre domine la composition ; et pour cause, n'est-elle pas l'instrument de la création artistique ?

▶ Dürer, *Autoportrait à vingt-huit ans, portant un manteau avec col en fourrure* (1500), Munich (Allemagne), Alte Pinakothek.
Avec cette toile, Dürer se montre particulièrement audacieux : il adopte ici les codes de la peinture religieuse en se représentant à la manière d'un saint ou du Christ.

Le peintre néerlandais Rembrandt est l'auteur de près d'une centaine d'autoportraits le représentant à différents âges de la vie. Une trentaine d'années sépare ces deux œuvres : si elles nous dévoilent la physionomie de Rembrandt dans sa jeunesse puis dans sa vieillesse, elles nous renseignent également sur le regard que le peintre porte sur lui-même, à deux âges de sa vie.

◄ Rembrandt, *Autoportrait* (1629),
Nuremberg (Allemagne),
Germanisches Nationalmuseum.
Lorsqu'il réalise ce tableau,
Rembrandt a seulement vingt-trois ans.
Bien qu'il ne soit pas soldat,
il s'est représenté vêtu du « gorget »,
partie de l'armure destinée à protéger
le cou. Peut-être le jeune peintre
voulait-il, symboliquement,
montrer sa détermination à se faire
une place parmi les plus grands,
à « prendre les armes » de l'art...

► Rembrandt, *Autoportrait* (1660), New York
(États-Unis), Metropolitan Museum of Art.
Le tableau donne ici à voir la maturité du peintre.
On note un jeu d'ombre et de lumière semblable
à celui du portrait précédent, mais l'attention
du spectateur est encore davantage captée
par le regard vif et sans détour de Rembrandt,
forgé par des années d'expérience.

Autoportraits tourmentés

Se représenter en peinture est aussi un moyen pour les artistes de rendre visible leur intériorité. Certains peintres ont laissé à la postérité des œuvres dotées d'une grande force d'évocation, reflétant des personnalités tumultueuses. Ainsi, au XIXᵉ siècle, Vincent van Gogh réalise près d'une vingtaine d'autoportraits qui mettent en scène le peintre et ses tourments. Plus tard, au XXᵉ siècle, l'autoportrait s'éloigne des impératifs de la représentation réaliste pour laisser plus de place à l'imagination. C'est le cas des œuvres d'Egon Schiele ou de Frida Khalo qui interpellent le spectateur en proposant une image déroutante de l'artiste.

© Bridgeman Images

▲ Van Gogh, *Autoportrait à l'oreille bandée* (1889), Zurich (Suisse), Kunsthaus.

L'œuvre de Vincent van Gogh (1853-1890) se trouve à la croisée de plusieurs mouvements. Inspirée par l'impressionnisme (courant artistique de la seconde moitié du XIXᵉ siècle qui s'attache à représenter le réel selon l'impression qu'il produit), elle annonce aussi le fauvisme, qui privilégie l'alliance de couleurs vives et violentes.

Personnage particulièrement tourmenté, Van Gogh tenta un jour de blesser son ami peintre Paul Gauguin, avant de se couper le lobe de l'oreille avec un rasoir. *L'Autoportrait à l'oreille bandée* porte la trace de cet épisode de folie, qui signa la fin d'une amitié entre les deux artistes.

▶ Schiele, *Autoportrait* (1912), Vienne (Autriche), Leopold Museum. Peintre, poète et dessinateur autrichien, Egon Schiele (1890-1918) laisse derrière lui une œuvre riche et torturée. Sa représentation du corps humain dérange, ses peintures ayant la particularité de mettre en avant des corps difformes, où le squelette et les muscles saillent sous la peau. Il a produit près d'une centaine d'autoportraits.

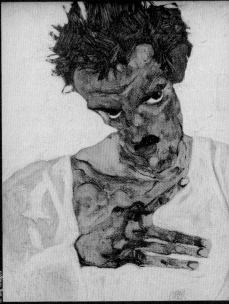

◀ Kahlo, *La Colonne brisée* (1944), Mexico (Mexique), Fondation D. Olmedo Patino. L'œuvre de l'artiste mexicaine Frida Kahlo (1907-1954) emprunte au réalisme, revendiqué par l'artiste, et au surréalisme, dans lequel les critiques ont tenté de la classer. *La Colonne brisée* met en scène un moment douloureux : la peintre est harnachée dans un des corsets de plâtre qu'elle fut contrainte de porter à la suite d'un grave accident de tramway. Dans cet autoportrait, la souffrance jaillit de la représentation d'un corps entravé, meurtri et mutilé.

les hommes, inondés d'une fierté longtemps oubliée, qui me criez votre merci ; vous, les vieilles gens, qui me faites l'honneur de vos larmes, ah ! comme vous vous ressemblez ! Et moi, au centre de ce déchaînement, je me sens remplir une fonction qui dépasse de
50 très haut ma personne, servir d'instrument au destin.

© Plon, 1954.

2. L'autoportrait

Genre en vogue dès la Renaissance, l'autoportrait a également connu un franc succès au XVIIe siècle, comme le montre ce texte du duc François de La Rochefoucauld, rédigé en 1658.

Les différences entre autobiographie et autoportrait ? Elles sont évidentes à la lecture de cet extrait. Contrairement au récit autobiographique, l'autoportrait n'a pas en effet pour dessein de raconter l'histoire d'une personnalité, mais d'offrir une image de soi, peinte d'après nature et souvent dans l'instant, à la manière de nombreux peintres comme Rembrandt, Poussin ou encore Van Gogh.

■ La Rochefoucauld (1613-1680), « Portrait de La Rochefoucauld fait par lui-même »

Je suis d'une taille médiocre [1], libre et bien proportionnée. J'ai le teint brun, mais assez uni ; le front élevé et d'une raisonnable [2] grandeur ; les yeux noirs, petits et enfoncés, et les sourcils noirs et épais, mais bien tournés. Je serais fort empêché à dire de quelle
5 sorte j'ai le nez fait, car il n'est ni camus [3] ni aquilin [4], ni gros ni pointu, au moins à ce que je crois. Tout ce que je sais, c'est qu'il est

---

1. **Médiocre** : moyenne.
2. **Raisonnable** : acceptable.
3. **Camus** : court et écrasé.
4. **Aquilin** : en bec d'aigle.

■ François, duc de La Rochefoucauld.

plutôt grand que petit, et qu'il descend un peu trop en bas. J'ai la
bouche grande, et les lèvres assez rouges d'ordinaire, et ni bien ni
mal taillées. J'ai les dents blanches, et passablement bien rangées.
10 On m'a dit autrefois que j'avais un peu trop de menton : je viens de
me tâter et de me regarder dans le miroir pour savoir ce qui en est,
et je ne sais pas trop bien qu'en juger. Pour le tour du visage, je l'ai
ou carré ou en ovale ; lequel des deux, il me serait fort difficile de le
dire. J'ai les cheveux noirs, naturellement frisés, et avec cela assez
15 épais et assez longs pour pouvoir prétendre en belle tête[1]. J'ai
quelque chose de chagrin[2] et de fier dans la mine : cela fait croire à
la plupart des gens que je suis méprisant, quoique je ne le sois point
du tout. J'ai l'action fort aisée, et même un peu trop, et jusqu'à faire
beaucoup de gestes en parlant. Voilà naïvement[3] comme je pense
20 que je suis fait au-dehors ; et l'on trouvera, je crois, que ce que je
pense de moi là-dessus n'est pas fort éloigné de ce qui en est. […]

Premièrement, pour parler de mon humeur, je suis mélancolique[4], et je le suis à un point que, depuis trois ou quatre ans,
à peine m'a-t-on vu rire trois ou quatre fois. J'aurais pourtant,
25 ce me semble, une mélancolie assez supportable et assez douce,
si je n'en avais point d'autre que celle qui me vient de mon
tempérament ; mais il m'en vient tant d'ailleurs, et ce qui m'en
vient me remplit de telle sorte l'imagination et m'occupe si
fort l'esprit, que la plupart du temps, ou je rêve sans dire mot,
30 ou je n'ai presque point d'attache[5] à ce que je dis. Je suis fort

---

1. *Pour pouvoir prétendre en belle tête* : pour pouvoir dire que j'ai un
beau visage.
2. *Chagrin* : maussade, sévère.
3. *Naïvement* : à prendre dans le sens de « naturellement ».
4. *Je suis mélancolique* : les hommes du XVIIᵉ siècle croyaient à la théorie
médicale des « humeurs », héritée de l'Antiquité. Quatre humeurs (liquides)
irriguent le corps humain : le sang, le flegme, la bile et l'atrabile (ou bile noire).
Suivant que l'un ou l'autre de ces liquides domine dans le corps, on est
sanguin, flegmatique, bilieux ou atrabilaire (mélancolique).
5. *Je n'ai presque point d'attache à ce que je dis* : je ne pense pas à ce que
je dis, je ne suis pas concentré sur mes propos.

resserré[1] avec ceux que je ne connais pas, et je ne suis pas même extrêmement ouvert avec la plupart de ceux que je connais. C'est un défaut, je le sais bien, et je ne négligerai rien pour m'en corriger ; mais comme un certain air sombre que j'ai dans le visage contribue à me faire paraître encore plus réservé que je ne le suis et qu'il n'est pas en notre pouvoir de nous défaire d'un méchant air qui nous vient de la disposition naturelle des traits, je pense qu'après m'être corrigé au-dedans, il ne laissera pas de me demeurer toujours[2] de mauvaises marques au-dehors. J'ai de l'esprit et je ne fais point difficulté de le dire ; car à quoi bon façonner là-dessus[3] ? [...] J'ai donc de l'esprit, encore une fois, mais un esprit que la mélancolie gâte ; car, encore que je possède assez bien ma langue, que j'aie la mémoire assez heureuse, et que je ne pense pas les choses fort confusément, j'ai pourtant une si forte application à mon chagrin, que souvent j'exprime assez mal ce que je veux dire. [...]

J'aime la lecture en général ; celle où il se trouve quelque chose qui peut façonner l'esprit et fortifier l'âme est celle que j'aime le plus. Surtout, j'ai une extrême satisfaction à lire avec une personne d'esprit[4] ; car de cette sorte on réfléchit à tous moments sur ce qu'on lit et des réflexions que l'on fait il se forme une conversation la plus agréable du monde et la plus utile. Je juge assez bien des ouvrages de vers et de prose que l'on me montre ; mais j'en dis peut-être mon sentiment avec un peu trop de liberté. Ce qu'il y a encore de mal en moi, c'est que j'ai quelquefois une délicatesse trop scrupuleuse et une critique trop sévère. Je ne hais pas à entendre disputer[5], et souvent aussi je me mêle assez volontiers dans la dispute : mais je soutiens d'ordinaire mon opinion avec trop de chaleur ; et lorsqu'on défend un

---

1. *Je suis fort resserré* : je suis peu ouvert, peu enclin à la civilité.
2. *Il ne laissera pas de me demeurer toujours* : j'aurai toujours.
3. *À quoi bon façonner là-dessus* : à quoi bon faire des difficultés à l'avouer.
4. *Une personne d'esprit* : une personne cultivée, intelligente.
5. *Disputer* : discuter avec chaleur d'un sujet donné.

60 parti injuste contre moi, quelquefois, à force de me passionner
pour celui de la raison, je deviens moi-même fort peu raisonnable.
J'ai les sentiments vertueux, les inclinations[1] belles, et une si forte
envie d'être tout à fait honnête homme[2] que mes amis ne me
sauraient faire un plus grand plaisir que de m'avertir sincèrement
65 de mes défauts. Ceux qui me connaissent un peu particulièrement
et qui ont eu la bonté de me donner quelquefois des avis là-dessus,
savent que je les ai toujours reçus avec toute la joie imaginable et
toute la soumission d'esprit que l'on saurait désirer. J'ai toutes les
passions assez douces et assez réglées : on ne m'a presque jamais
70 vu en colère et je n'ai jamais eu de haine pour personne. [...]
L'ambition ne me travaille point. Je ne crains guère de choses et
ne crains aucunement la mort. Je suis peu sensible à la pitié, et je
voudrais ne l'y être point du tout. Cependant, il n'est rien que je ne
fisse pour le soulagement d'une personne affligée ; [...]. J'aime mes
75 amis, et je les aime d'une façon que je ne balancerais pas[3] un
moment à sacrifier mes intérêts aux leurs. J'ai de la condescendance[4] pour eux ; je souffre patiemment leurs mauvaises humeurs
et j'en excuse facilement toutes choses ; seulement je ne leur fais
pas beaucoup de caresses[5], et je n'ai pas non plus de grandes
80 inquiétudes en leur absence. [...] Je suis fort secret et j'ai moins de
difficulté que personne à taire ce qu'on m'a dit en confidence. Je
suis extrêmement régulier à ma parole[6] ; je n'y manque jamais, de
quelque conséquence que puisse être ce que j'ai promis et je m'en
suis fait toute ma vie une loi indispensable.

---

1. *Inclinations* : goûts, penchants.
2. *Honnête homme* : homme du monde, agréable et distingué par les maniè-
res comme par l'esprit. (Notion essentielle de la sociabilité mondaine au
XVIIe siècle.)
3. *Je ne balancerais pas* : je n'hésiterais pas.
4. *Condescendance* : complaisance (sens classique).
5. *Caresses* : démonstrations d'affection, protestations d'amitié.
6. *Régulier à ma parole* : fidèle à mes promesses, à mes engagements.

3. Le journal intime

Contrairement au texte autobiographique qui s'adresse toujours à un lecteur potentiel, le journal intime ne présuppose l'existence d'aucun destinataire. Le lecteur d'un journal n'est autre, en effet, que l'auteur lui-même et ce, même si nombre de diaristes[1] savent pertinemment que leurs écrits peuvent être publiés de leur vivant ou après leur mort.

Le journal intime présente une autre différence notable avec le texte autobiographique. Théoriquement rédigé au jour le jour (même si l'acte d'écriture n'est pas quotidien), le journal intime ne propose pas de synthèse signifiante d'une vie. Ce qui intéresse avant tout le diariste, c'est de passer à la loupe tous les événements du quotidien : les événements de la vie privée bien sûr (comme dans cet extrait du *Journal* de Jules Renard où l'auteur évoque son expérience de la maladie et sa hantise de la mort) mais aussi les événements de la vie publique, qu'Anne Frank évoque à son tour dans son *Journal*.

■ **Jules Renard (1864-1910),**
Journal

22 février [1910]

Le médecin de Mirbeau[2] lui dit que je n'ai que de la gastralgie[3]. […]

Aujourd'hui, quarante-six ans. Jusqu'où irai-je ? Jusqu'à l'automne ?

---

1. ***Diaristes*** : auteurs de journaux intimes.
2. ***Mirbeau*** (1848-1917) : écrivain français contemporain de Jules Renard, auteur notamment du *Journal d'une femme de chambre*.
3. ***Gastralgie*** : douleur violente située dans la région de l'estomac.

5   Marinette[1] pleure pour nous deux, et, moi, je l'y aide un peu.

J'entre dans les mauvaises nuits, en attendant la nuit.

Humour : pudeur, jeu d'esprit. C'est la propreté morale et quotidienne de l'esprit. Je me fais une haute idée morale et littéraire de l'humour.

10   L'imagination égare. La sensibilité affadit.

L'humour, c'est, en somme, la raison. L'homme régularisé.

Aucune définition ne m'a suffi.

D'ailleurs, il y a de tout dans l'humour.

Est-ce parce que je suis entré le dernier à l'Académie Gon-

15 court[2] que j'en sortirai le premier ? Singulier équilibre !

Hier, Fantec[3] m'a ausculté. Nous avons ri comme des fous quand il m'a promené ses oreilles dans le dos. Il a dû recommencer deux ou trois fois. Rien aux poumons. Le cœur est trop gros. Il entend le galop des valvules[4]. Ça me coupe le rire. Le fils

20 condamne-t-il son père ?

Entre mon cerveau et moi il reste toujours une couche que je ne peux pas pénétrer.

Vivre en s'amusant avec la mort.

Peut-être ne verrai-je pas la vieille maison. Étrange punition !

25   Un homme ordinaire ne se connaît pas. Il peut mourir sans rien savoir de son cœur. Je parle du vrai – car, pour l'autre... – de celui qui bat dans sa poitrine.

L'homme est indifférent comme une montre.

---

1. *Marinette* : surnom de la femme de Jules Renard, Mme Marie Renard (1871-1938).

2. *Académie Goncourt* : académie littéraire composée de dix membres et qui décerne chaque année, depuis 1896, un prix littéraire très convoité par les romanciers.

3. *Fantec* : surnom du fils de Jules Renard, Jean-François Renard (1889-1934), qui exerça la profession de médecin.

4. *Valvules* : sortes de membranes servant à régler la circulation de liquides et de matières dans les vaisseaux du corps.

Et puis, j'ai écrit *La Bigote*[1]. Mme Lepic[2] attend. Mais pour-
30 quoi m'a-t-*il*[3] laissé écrire *la Bigote* ?

D'ailleurs, j'ai fini. Je pourrais recommencer, et ce serait
mieux, mais on ne s'en apercevrait pas.

Il vaut mieux mettre fin.

6 mars

Je ne comprends rien à la vie, mais je ne dis pas qu'il soit
35 impossible que Dieu y comprenne quelque chose.

La vie apparente, l'air docile et résigné d'une girouette.

Mirbeau se lève triste et se couche furieux.

15 mars

Qui n'a point la maladie du scrupule ne doit même pas son-
ger à être honnête.

40 Tout de même, pour mépriser Rostand[4], il faut l'éplucher ;
alors, ça ne compte pas.

31 mars

Mort de Moréas[5]. Est-ce mon tour ?

C'était un poète qui trahit sa patrie, fit quelques beaux vers,
et me traita d'imbécile.

---

1. *La Bigote* : titre d'une pièce en deux actes (1909) de Jules Renard, qui met
en scène les mêmes personnages que *Poil de Carotte* à l'exception de ce
dernier.

2. *Mme Lepic* : mère de Poil de Carotte dans le roman et la pièce de Jules
Renard.

3. *Il* : sans doute Dieu.

4. *Rostand* (1868-1918) : dramaturge français, auteur de *Cyrano de Bergerac*
(1897).

5. *Moréas* (1856-1910) : poète français contemporain de Jules Renard.

45   Je veux me lever, cette nuit. Lourdeur. Une jambe pend
dehors. Puis un filet coule le long de ma jambe. Il faut qu'il arrive
au talon pour que je me décide. Ça séchera dans les draps,
comme quand j'étais Poil de Carotte[1].

À cette date s'arrête le Journal *de Jules Renard, mort le 22 mai
1910.*

■ **Anne Frank[2] (1929-1945),**
   Journal

Vendredi 9 octobre 1942

Chère Kitty[3],

Aujourd'hui, je n'ai que des nouvelles sinistres et déprimantes à
te donner. Nos nombreux amis juifs sont emmenés par groupes
entiers. La Gestapo[4] ne prend vraiment pas de gants avec ces

---

1. *Poil de Carotte* : nom d'un personnage célèbre de Jules Renard dans le
roman autobiographique (*Poil de Carotte*, 1894) puis dans la pièce du même
titre (1900). Ce personnage incarne le type de l'enfant souffre-douleur.
2. Anne Frank naît à Francfort-sur-le-Main (Allemagne), en 1929, dans une
famille d'origine juive, qui se réfugie à Amsterdam pour éviter les persécutions
nazies. Lorsque la guerre éclate et que les Pays-Bas sont occupés par l'Allemagne, la famille Frank est obligée de se réfugier dans l'immeuble qui abrite
les bureaux du père d'Anne (cet immeuble est dénommé «l'Annexe» dans le
Journal d'Anne Frank). La famille y vit pendant près de deux ans, à partir du
6 juillet 1942, bientôt rejointe par une autre famille, les Van Pels. Le 4 août
1944, les clandestins sont malheureusement arrêtés à la suite d'une dénoncia-
tion. Mme Frank décède à Auschwitz-Birkenau le 6 janvier 1945 ; Anne et sa
sœur Margot meurent à Bergen-Belsen en février ou en mars 1945 ; seul Otto
Frank, le père, parvient à survivre. C'est lui qui, après la guerre, retrouvera le
journal de sa fille et le fera publier.
3. *Chère Kitty* : Anne Frank a tenu son journal intime du 12 juin 1942 au
1er août 1944. La «Kitty» dont il est question ici n'est pas un personnage réel
mais le nom qu'Anne a donné à son journal.
4. *Gestapo* : *Ge*heime *Sta*atspolizei, police secrète de l'Allemagne nazie.

5 gens, on les transporte à Westerbork, le grand camp pour juifs en Drenthe[1], dans des wagons à bestiaux.

Miep[2] nous a parlé de quelqu'un qui s'est échappé de Westerbork. Westerbork doit être épouvantable. On ne donne presque rien à manger aux gens, et encore moins à boire, car ils n'ont de l'eau

10 qu'une heure par jour et un W.C. et un lavabo pour plusieurs milliers de personnes. Ils dorment tous ensemble, hommes, femmes et enfants ; les femmes et les enfants ont souvent la tête rasée. Il est presque impossible de fuir, les gens du camp sont tous marqués par leurs têtes rasées et pour beaucoup aussi par leur physique juif.

15 S'il se passe déjà des choses aussi affreuses en Hollande, qu'est-ce qui les attend dans les régions lointaines et barbares où on les envoie ? Nous supposons que la plupart se font massacrer. La radio anglaise parle d'asphyxie par les gaz[3] ; c'est peut-être la méthode d'élimination la plus rapide.

20 Je suis complètement bouleversée. Miep raconte toutes ces horreurs de façon si poignante, elle est elle-même très agitée. L'autre jour, par exemple, une vieille femme juive paralysée était assise devant sa porte, elle attendait la Gestapo qui était allée chercher une voiture pour la transporter. La pauvre vieille était terrifiée par

25 le bruit des tirs qui visaient les avions anglais et les éclairs aveuglants des projecteurs. Pourtant Miep n'a pas osé la faire entrer, personne ne l'aurait fait. Ces messieurs les Allemands ne sont pas avares de punitions.

Bep[4] n'est pas très gaie non plus, son fiancé doit partir en

30 Allemagne. Chaque fois que des avions survolent nos maisons,

---

1. *Drenthe* : province du nord-est des Pays-Bas.
2. *Miep* : Miep Gies, secrétaire du père d'Anne Frank. Elle apportait aux clandestins des nouvelles de l'extérieur.
3. *La radio anglaise parle d'asphyxie par les gaz* : l'Histoire a confirmé les suppositions d'Anne Frank et de la radio anglaise : six millions de Juifs périrent dans les camps de concentration nazis.
4. *Bep* : Bep Voskuyl, autre secrétaire qui protégea, tout comme Miep, la famille Frank.

elle tremble que leur cargaison de bombes, qui va souvent jusqu'à un million de kilos, ne tombe sur la tête de Bertus[1]. Des plaisanteries du genre : il n'en recevra sans doute pas un million et une bombe suffit, me paraissent un peu déplacées. Bertus est loin
35 d'être le seul à partir, tous les jours des trains s'en vont, bondés de jeunes gens. Lorsqu'ils s'arrêtent à une gare sur le trajet, ils essaient parfois de se glisser hors du train et de se cacher ; un petit nombre d'entre eux y réussit peut-être. Je n'ai pas fini ma complainte. As-tu déjà entendu parler d'otages ? C'est leur der-
40 nière trouvaille en fait de punition pour les saboteurs. C'est la chose la plus atroce qu'on puisse imaginer. Des citoyens innocents et haut placés sont emprisonnés en attendant leur exécution. Si quelqu'un commet un acte de sabotage et que le coupable n'est pas retrouvé, la Gestapo aligne tout bonnement quatre ou cinq de
45 ces otages contre un mur. Souvent, on annonce la mort de ces gens dans le journal. À la suite d'un « accident fatal », c'est ainsi qu'ils qualifient ce crime. Un peuple reluisant, ces Allemands, et dire que j'en fais partie ! Et puis non, il y a longtemps que Hitler a fait de nous des apatrides[2], et d'ailleurs il n'y a pas de plus grande
50 hostilité au monde qu'entre Allemands et juifs.

Bien à toi,
Anne.

4. L'essai

L'essai est une des multiples variantes de « l'écriture du moi ». Au détour des réflexions qu'il fait sur tel ou tel sujet, l'essayiste est souvent amené à faire partager au lecteur ses expériences et ses

---

1. **Bertus** : fiancé de Bep.
2. **Apatrides** : personnes sans nationalité légale.

observations, bref à parler de lui-même. C'est ce que fait Montaigne dans ses *Essais* (1580, 1588, 1595). Dans «De l'institution des enfants[1]», l'auteur en vient ainsi, après avoir défini les grands principes de l'enseignement humaniste, à parler de l'éducation qu'il reçut lorsqu'il était enfant. Bien avant Jean-Paul Sartre et Nathalie Sarraute, Montaigne évoque l'une des passions de sa jeunesse : la lecture.

■ Montaigne (1533-1592), *Essais*

Le premier goût que j'eus aux livres, il me vint du plaisir des fables de la *Métamorphose* d'Ovide[2]. Car, environ[3] l'âge de sept ou huit ans, je me dérobais de tout autre plaisir[4] pour les lire ; d'autant que cette langue était la mienne maternelle[5], et que
5 c'était le plus aisé livre que je connusse, et le plus accommodé à la faiblesse de mon âge[6], à cause de la matière. Car des *Lancelot du Lac*[7], des *Amadis*[8], des *Huons de Bordeaux*[9], et tel fatras de livres à quoi l'enfance s'amuse, je n'en connaissais pas seulement le nom, ni ne fais encore le corps[10], tant exacte était ma disci-
10 pline. Je m'en rendais plus nonchalant à l'étude de mes autres leçons prescrites. Là, il me vint singulièrement à propos d'avoir affaire à un homme d'entendement de précepteur, qui sut

---

1. *Essais*, I, 26.
2. *Ovide* (43 av. J.-C. - 18 ap. J.-C.) : poète latin, auteur des *Métamorphoses*.
3. *Environ* : vers.
4. *Je me dérobais de tout autre plaisir* : j'évitais toutes les autres distractions.
5. *Cette langue était la mienne maternelle* : Montaigne a appris le latin, la langue d'Ovide, dès son plus jeune âge !
6. *Le plus accommodé à la faiblesse de mon âge* : le plus adapté à mon jeune âge.
7. *Lancelot du Lac* : roman en prose, tiré du cycle breton du Graal.
8. *Amadis* : *Amadis de Gaules*, roman de chevalerie espagnol du XIVe siècle.
9. *Huon de Bordeaux* : chanson de geste française du début du XIIIe siècle.
10. *Le corps* : l'intérieur, le contenu de l'ouvrage.

dextrement conniver[1] à cette mienne débauche, et autres
pareilles. Car, par là, j'enfilai tout d'un train Virgile en l'*Énéide*,
15 et puis Térence, et puis Plaute[2], et des comédies italiennes,
leurré[3] toujours par la douceur du sujet. S'il eût été si fol de
rompre ce train[4], j'estime que je n'eusse rapporté du collège que
la haine des livres, comme fait quasi toute notre noblesse. Il s'y
gouverna ingénieusement. Faisant semblant de n'en voir rien, il
20 aiguisait ma faim, ne me laissant qu'à la dérobée gourmander[5]
ces livres, et me tenant doucement en office[6] pour les autres
études de la règle. Car les principales parties[7] que mon père
cherchait à ceux à qui il donnait charge de moi, *c'était la débonnaireté*[8] *et facilité de complexion*[9]. Aussi n'avait la mienne autre
25 vice que langueur et paresse. Le danger n'était pas que je fisse
mal, mais que je ne fisse rien. Nul ne pronostiquait que je dusse
devenir mauvais, mais inutile. On y prévoyait de la fainéantise,
non pas de la malice.

5. Le récit-témoignage

Bien des textes peuvent posséder une dimension autobiographique sans être à proprement parler des autobiographies. Il en va
ainsi du livre *Si c'est un homme,* où l'auteur italien Primo Levi (1919-

---

1. *Qui sut dextrement conniver* : qui sut adroitement se faire le complice.
2. *Virgile, Térence, Plaute* : poète et dramaturges latins. Virgile (70-19 av.
J.-C.) est l'auteur de *L'Énéide* ; Térence (185-159 av. J.-C.) et Plaute (254-184
av. J.-C.) ont écrit de nombreuses comédies.
3. *Leurré* : séduit.
4. *S'il eût été si fol de rompre ce train* : s'il avait été assez fou pour inter-
rompre ces lectures.
5. *Gourmander* : apprécier, dévorer en gourmand.
6. *En office* : dans mon devoir.
7. *Parties* : qualités.
8. *Débonnaireté* : bonté.
9. *Complexion* : nature, caractère.

1987) relate son expérience de la déportation au camp de concentration d'Auschwitz. Dans ce récit à caractère autobiographique, dont l'action s'étend sur une durée d'un peu plus d'un an, on retiendra surtout le devoir de mémoire qu'impose l'auteur à ses lecteurs. En apportant un témoignage personnel sur la Shoah [1], Primo Levi incite en effet les générations actuelles et futures à ne pas perpétrer les mêmes atrocités que les nazis et à ne pas sombrer, à l'avenir, dans la même folie collective. « Puisse l'histoire des camps d'extermination retentir pour nous comme un sinistre signal d'alarme », affirme ainsi l'auteur dans la préface de son œuvre... Plus qu'un récit autobiographique *stricto sensu*, *Si c'est un homme* est donc un livre-témoignage dans lequel l'auteur tient à faire partager son expérience de déporté et où il invite le lecteur à perpétuer le souvenir des victimes du nazisme.

■ Primo Levi (1919-1987), *Si c'est un homme*

Les portes s'étaient aussitôt refermées sur nous, mais le train ne s'ébranla que le soir. Nous avions appris notre destination avec soulagement : Auschwitz [2], un nom alors dénué de signification pour nous, mais qui devait bien exister quelque part sur la
5 terre.

Le train roulait lentement, faisant de longues haltes énervantes. À travers la lucarne, nous vîmes défiler les hauts rochers dépouillés de la vallée de l'Adige [3], les noms des dernières villes italiennes. Quand nous franchîmes le Brenner [4], le deuxième jour
10 à midi, tout le monde se mit debout mais personne ne souffla

---

1. *Shoah* : génocide juif durant la Seconde Guerre mondiale.
2. *Auschwitz* : Auschwitz-Birkenau fut le plus grand des camps de concentration construits par les nazis. Entre 1940 et 1945, on estime qu'un million de déportés juifs y périrent.
3. *L'Adige* : fleuve d'Italie qui naît dans les Alpes.
4. *Le Brenner* : col des Alpes à la frontière de l'Italie et de l'Autriche.

mot. La pensée du retour ne me quittait pas, je me torturais à imaginer ce que pourrait être la joie surhumaine de cet autre voyage : les portes grandes ouvertes car personne ne penserait plus à fuir, et les premiers noms italiens... et je regardai autour
15 de moi et me demandai combien, parmi cette misérable poussière humaine, seraient frappés par le destin.

Des quarante-cinq occupants de mon wagon, quatre seulement ont revu leur foyer, et ce fut de beaucoup le wagon le mieux loti.

20 La soif et le froid nous faisaient souffrir : à chaque arrêt nous demandions de l'eau à grand cris, ou au moins une poignée de neige, mais notre appel fut rarement entendu ; les soldats de l'escorte éloignaient quiconque tentait de s'approcher du convoi. Deux jeunes mères qui avaient un enfant au sein gémissaient jour
25 et nuit, implorant de l'eau. Nous supportions un peu mieux la faim, la fatigue et l'insomnie, rendues moins pénibles par la tension nerveuse ; mais les nuits étaient d'interminables cauchemars. [...]

Une femme avait passé tout le voyage à mes côtés, pressée
30 comme moi entre un corps et un autre corps. Nous nous connaissions de longue date, et le malheur nous avait frappés ensemble, mais nous ne savions pas grand-chose l'un de l'autre. Nous nous dîmes alors, en cette heure décisive, des choses qui ne se disent pas entre vivants. Nous nous dîmes adieu et ce fut bref : chacun
35 prit congé de la vie en prenant congé de l'autre. Nous n'avions plus peur.

Et brusquement ce fut le dénouement. La portière s'ouvrit avec fracas ; l'obscurité retentit d'ordres hurlés dans une langue étrangère, et de ces aboiements barbares naturels aux Allemands quand
40 ils commandent, et qui semblent libérer une hargne séculaire [1]. Nous découvrîmes un large quai, éclairé par des projecteurs. Un

---

1. *Séculaire* : qui dure depuis des siècles.

peu plus loin, une file de camions. Puis tout se tut à nouveau.
Quelqu'un traduisit les ordres : il fallait descendre avec les bagages
et les déposer le long du train. En un instant le quai fourmillait
45 d'ombres ; mais nous avions peur de rompre le silence, et tous
s'affairaient autour des bagages, se cherchaient, s'interpellaient,
mais timidement, à mi-voix.

Une dizaine de SS[1], plantés sur leurs jambes écartées, se
tenaient à distance, l'air indifférent. À un moment donné ils
50 s'approchèrent, et sans élever la voix, le visage impassible, ils se
mirent à interroger certains d'entre nous en les prenant à part,
rapidement : « Quel âge ? En bonne santé ou malade ? » et selon
la réponse, ils nous indiquaient deux directions différentes.

Tout baignait dans un silence d'aquarium, de scène vue en
55 rêve. Là où nous nous attendions à quelque chose de terrible,
d'apocalyptique, nous trouvions, apparemment de simples agents
de police. C'était à la fois déconcertant et désarmant. Quelqu'un
osa s'inquiéter des bagages : ils lui dirent « bagages, après » ; un
autre ne voulait pas quitter sa femme : ils lui dirent : « après, de
60 nouveau ensemble » ; beaucoup de mères refusaient de se séparer
de leurs enfants : ils leur dirent « bon, bon, rester avec enfant »,
sans jamais se départir de la tranquille assurance de qui ne fait
qu'accomplir son travail de tous les jours ; mais comme Renzo
s'attardait un peu trop à dire adieu à Francesca, sa fiancée, d'un
65 seul coup en pleine figure ils l'envoyèrent rouler à terre : c'était
leur travail de tous les jours.

En moins de dix minutes, je me trouvais faire partie du groupe
des hommes valides. Ce qu'il advint des autres, femmes, enfants,
vieillards, il nous fut impossible alors de le savoir : la nuit les
70 engloutit, purement et simplement. Aujourd'hui pourtant, nous
savons que ce tri rapide et sommaire avait servi à juger si nous
étions capables ou non de travailler utilement pour le Reich[2] ;

---

1. *SS* : membres des sections spéciales, corps de milice armée des nazis.
2. *Pour le Reich* : pour l'Allemagne ; le IIIe Reich est le nom donné au régime
national-socialiste (1933-1945) d'Adolf Hitler.

nous savons que les camps de Buna-Monowitz et de Birkenau n'accueillirent respectivement que quatre-vingt-seize hommes et
75 vingt-neuf femmes de notre convoi et que deux jours plus tard il ne restait de tous les autres – plus de cinq cents – aucun survivant. Nous savons aussi que même ce semblant de critère dans la discrimination [1] entre ceux qui étaient reconnus aptes et ceux qui ne l'étaient pas ne fut pas toujours appliqué, et qu'un système
80 plus expéditif fut appliqué par la suite : on ouvrait les portières des wagons des deux côtés en même temps sans avertir les nouveaux venus ni leur dire ce qu'il fallait faire. Ceux que le hasard faisait descendre du bon côté entraient dans le camp ; les autres finissaient à la chambre à gaz.

Trad. Martine Schruoffeneger
© Robert Laffont Seghers.

6. Poésie et autobiographie

Si l'on en croit toutes les définitions du genre, l'autobiographie est un récit composé en prose. Écrit par le poète et romancier Raymond Queneau, le recueil *Chêne et Chien* (1937) est visiblement l'exception qui confirme la règle. Loin de constituer un obstacle à l'« expression du moi », la forme poétique sert dans ce livre le projet de l'auteur, qui confère à sa confession un ton humoristique fort éloigné du sérieux du genre. Dans l'extrait qui suit, Raymond Queneau raconte comment s'est décidée sa vocation d'homme de lettres...

---

1. *Discrimination* : distinction, différenciation.

■ Raymond Queneau (1903-1976), *Chêne et Chien*

« Tu étais » me dit-on « méchant,
tu pleurnichais avec malice
devant des gens de connaissance,
c'était vraiment très embêtant.

« Tu chialais, enfant, comme un veau
et tu n'en faisais qu'à ta tête,
tu hurlais pour une calotte[1]
et tu ameutais les badauds[2].

« Tu barbouillais de chocolat
tes beaux vêtements du dimanche
sous le prétexte que ta tante
avait oublié tes soldats.

« Maintenant tu es devenu
le plus grand cancre de ta classe,
nul en gym' et en langue anglaise
et chaque jeudi retenu[3].

« Sur des dizaines de cahiers
tu écris de longues histoires,
des romans, dis-tu, d'aventures ;
mon fils, te voilà bon-à-lier.

---

1. *Calotte* : gifle.
2. *Badauds* : passants.
3. *Chaque jeudi retenu* : le jeudi, jour de repos des écoliers jusqu'en 1972, les élèves punis étaient consignés au lycée.

■ Raymond Queneau.

« Tu connais tous les pharaons
de la très vénérable Égypte,
tu veux déchiffrer le hittite[1],
mon fils, tu n'es qu'un cornichon.

24

« Je vois que tu transcris les noms
et les œuvres des géomètres
anciens tels que cet Archimède[2],
mon fils, tu n'as pas de raison. »

28

Alors je me mis au travail
et décrochai plus d'un diplôme.
Hélas ! quel pauvre jeune homme
plus tard je suis devenu.

32

© Gallimard.

7. Autobiographie et roman autobiographique

À la différence de l'autobiographie, qui suppose l'identité de la triade narrative (auteur-narrateur-personnage), le roman autobiographique met en scène un héros-narrateur distinct de la personne de l'auteur. Malgré cette différence d'identité, le lecteur pourra pourtant soupçonner maintes ressemblances entre l'écrivain et son protagoniste. L'auteur d'un roman autobiographique transpose en effet souvent dans la fiction ses propres expériences de vie. Tel est le cas de Fred Uhlman dans *L'Ami retrouvé* (1978), dont le héros Hans Schwarz, jeune juif en butte à l'antisémitisme, évoque par bien des traits l'écrivain lui-même, avocat juif contraint de quitter l'Allemagne dès l'arrivée d'Adolf Hitler au pouvoir (30 janvier 1933).

---

1. *Hittite* : langue parlée par les Hittites, peuple indo-européen de l'Antiquité.
2. *Archimède* (287-212 av. J.-C.) : savant grec.

Afin de voir comment un écrivain se sert de son expérience vécue pour la transposer dans le cadre d'un récit fictionnel, nous reproduisons, après l'incipit[1] du roman autobiographique de Fred Uhlman (*L'Ami retrouvé*), un passage de son autobiographie (*Il fait beau à Paris aujourd'hui*).

■ Fred Uhlman (1901-1985), *L'Ami retrouvé*

Dans les premières lignes du roman, le narrateur, Hans Schwarz, jeune juif de seize ans, évoque sa rencontre avec Conrad, comte de Hohenfels, aristocrate du Wurtemberg, dont les parents défendent les thèses antisémites d'Adolf Hitler. Dès le début du récit apparaît en filigrane le thème central de l'œuvre, celui de l'amitié impossible.

Il entra dans ma vie en février 1932[2] pour n'en jamais sortir. Plus d'un quart de siècle a passé depuis lors, près de neuf mille journées fastidieuses et décousues, que le sentiment de l'effort ou du travail sans espérance contribuait à rendre vides, des années et
5 des jours, nombre d'entre eux aussi morts que les feuilles desséchées d'un arbre mort.

Je puis me rappeler le jour et l'heure où, pour la première fois, mon regard se posa sur ce garçon qui allait devenir la source de mon plus grand bonheur et de mon plus grand désespoir. C'était
10 deux jours après mon seizième anniversaire, à trois heures de l'après-midi, par une grise et sombre journée d'hiver allemand. J'étais au Karl Alexander Gymnasium à Stuttgart, le lycée le plus renommé du Wurtemberg[3], fondé en 1521, l'année où Luther

---

1. *Incipit* : début de récit.
2. *En février 1932* : l'action du récit débute quasiment un an jour pour jour avant l'arrivée d'Adolf Hitler au pouvoir en Allemagne (30 janvier 1933).
3. *Wurtemberg* : ancien royaume d'Allemagne, qui devint une république en 1918 avant d'être intégré par Hitler au IIIe Reich en 1934.

parut devant Charles Quint, empereur du Saint Empire et roi
d'Espagne.

Je me souviens de chaque détail : la salle de classe avec ses
tables et ses bancs massifs, l'aigre odeur de quarante manteaux
d'hiver humides, les mares de neige fondue, les traces jaunâtres
sur les murs gris là où, avant la révolution, étaient accrochés les
portraits du Kaiser Guillaume [1] et du roi de Wurtemberg. En
fermant les yeux, je vois encore le dos de mes camarades de
classe, dont un grand nombre périrent dans les steppes russes
ou dans les sables d'Alamein [2]. J'entends encore la voix lasse et
désillusionnée de Herr [3] Zimmermann qui, condamné à enseigner toute sa vie, avait accepté son sort avec une triste résigna-
tion. [...]

J'étais somnolent, faisant de petits dessins, lorsqu'on frappa à
la porte. Avant que Herr Zimmermann pût dire : « Herein [4] », parut
le professeur Klett, le proviseur. Mais personne ne regarda le petit
homme tiré à quatre épingles, car tous les yeux étaient tournés
vers l'étranger qui le suivait, tout comme Phèdre [5] eût pu suivre
Socrate.

Nous le regardions fixement, comme si nous avions vu un
fantôme. Probablement tout comme les autres, ce qui me frappa
plus que son maintien plein d'assurance, son air aristocratique et
son sourire nuancé d'un léger dédain, ce fut son élégance. En
matière de style vestimentaire, nous faisions à nous tous un
morne assemblage. La plupart de nos mères avaient le sentiment
que n'importe quels vêtements étaient assez bons pour aller en

---

1. *Kaiser Guillaume* : Guillaume II (1859-1941) fut roi de Prusse et empereur d'Allemagne de 1888 à 1918.
2. *Dans les steppes russes ou dans les sables d'Alamein* : allusion aux
batailles de la Seconde Guerre mondiale.
3. *Herr* : monsieur, en allemand.
4. *Herein* : entrez, en allemand.
5. *Phèdre* : disciple de Socrate (470-399 av. J.-C.), philosophe grec de
l'Antiquité.

⁴⁰ classe aussi longtemps qu'ils étaient faits d'étoffe solide et durable. Nous ne nous intéressions encore aux filles que médiocrement, de sorte que peu nous importait cet accoutrement pratique et de bon usage de vestes et de culottes courtes achetées dans l'espoir qu'elles dureraient jusqu'à ce que nous devenions trop grands ⁴⁵ pour elles.

Mais, pour lui, c'était différent. Il portait un pantalon de bonne coupe et au pli impeccable qui, de toute évidence, n'était pas, comme les nôtres, un vêtement de confection [1]. Son luxueux costume gris clair était fait de tissu à chevrons [2] et, presque certaine- ⁵⁰ ment, « garanti anglais ». Sa chemise était bleu pâle et sa cravate bleu foncé ornée de petits pois blancs. Par contraste, nos cravates paraissaient graisseuses et éraillées. Et bien que nous considérions comme efféminée toute tentative d'élégance, nous ne pouvions nous empêcher de regarder avec envie cette image d'aisance et de ⁵⁵ distinction.

Le professeur Klett alla tout droit à Herr Zimmermann, lui murmura quelque chose à l'oreille et disparut sans que nous l'eussions remarqué parce que nos regards étaient concentrés sur le nouveau venu. Il se tenait immobile et calme, sans le moindre ⁶⁰ signe de nervosité. Il paraissait, en quelque sorte, plus âgé et plus mûr que nous, et il était difficile de croire qu'il n'était qu'un nouvel élève. S'il avait disparu aussi silencieusement et mystérieusement qu'il était entré, cela ne nous eût pas surpris.

Herr Zimmermann remonta son pince-nez, parcourut la salle ⁶⁵ de ses yeux fatigués, découvrit un siège vide juste devant moi, descendit de son estrade et, à l'étonnement de toute la classe, accompagna le nouveau venu jusqu'à la place qui lui était assi- gnée. Puis, inclinant légèrement la tête comme s'il avait presque envie de le saluer, mais ne l'osait tout à fait. Il retourna vers ⁷⁰ l'estrade à reculons, ne cessant de faire face à l'étranger.

---

1. *De confection* : qui n'est pas fait sur mesure, mais en série.
2. *Chevrons* : motifs décoratifs en zigzag.

Regagnant son siège, il s'adressa à lui : « Voudriez-vous, je vous prie, me donner votre nom, votre prénom, ainsi que la date et le lieu de votre naissance ? »

Le jeune homme se leva. « Graf[1] von Hohenfels, Conrad, annonça-t-il, né le 19 janvier 1916 à Burg Hohenfels, Wurtemberg. » Puis il se rassit.

Trad. Léo Lack
© Gallimard.

■ Fred Uhlman (1901-1985), *Il fait beau à Paris aujourd'hui*

J'assistais à un cours du Pr von Rümelin lorsqu'un jeune homme entra et prit le siège libre à ma gauche. Il était très calme, mais ce qui le distinguait du reste de l'assistance de pauvre apparence était qu'il était extrêmement bien habillé et portait à la main gauche une bague ornée d'un diamant. Il ne me parla pas et ne sembla prendre que peu d'intérêt au cours. Dès que la cloche sonna, il se leva et sortit aussi tranquillement qu'il était entré. De temps à autre, von Rümelin nous donnait un problème juridique à résoudre à la maison, puis recueillait et corrigeait nos réponses et nous les rendait après une semaine ou deux. Il advint que quelques jours après sa première apparition, le jeune homme élégant prit de nouveau le siège à ma gauche et que von Rümelin se mit à nous distribuer nos textes. Comme d'habitude, il fit l'appel et, comme d'habitude, chacun de nous cria « présent » et alla prendre son texte. Mais il s'interrompit tout à coup, mit son pince-nez à monture noire et parcourut lentement des yeux la salle bondée. Enfin, à mon horreur, son regard se posa sur moi, ou du moins je le crus. Or, von Rümelin était recteur et chancelier[2] de l'université, l'homme le plus puissant de

---

1. *Graf* : comte en allemand.
2. *Recteur et chancelier* : directeur.

20 Tübingen[1], et tous les étudiants le redoutaient quelque peu
puisque leur sort était entre ses mains. Imaginez mon anxiété
quand le grand homme se dirigea vers moi. Mais au dernier
moment, c'est devant mon silencieux voisin qu'il s'immobilisa,
dont le visage s'empourpra soudain. Von Rümelin s'inclina et, le
25 bras tendu, lui remit son papier sans le regarder. Puis, faisant
quatre pas en arrière, le recteur s'inclina de nouveau, regagna sa
place et continua d'appeler nos noms.

Tout le monde dévisageait le jeune homme à ma gauche. Qui
était ce personnage à l'égard duquel von Rümelin avait été si
30 respectueux ? Personne ne le savait. Mon voisin disparut de nouveau au premier son de cloche, nous abandonnant à nos conjectures[2].

Je le rencontrai encore une fois par hasard. C'était à un cour
du Pr Metzger, et, comme Rümelin, Metzger se mit à distribuer
35 nos papiers.

– *Herr* Muller ! cria le professeur.

– Présent.

– *Herr* Schubert !

– Présent

40 – *Herr Herzog*[3] Philip Alexander von Wurtemberg !

– Présent.

Maintenant, nous savions. C'était le fil aîné de l'homme qui,
sans la révolution, eût été roi du Wurtemberg. Je ne le revis jamais.

---

1. *Tübingen* : ville de la république de Wurtemberg (Allemagne).
2. *Conjectures* : hypothèses.
3. *Herr Herzog* : monsieur le duc en allemand.

8. L'autofiction

Au XXᵉ siècle, un nouveau genre d'écriture de soi apparaît : l'autofiction. Le terme a été forgé par Serge Doubrovsky pour parler de son roman *Fils* (1977) et désigne un récit dans lequel « non seulement auteur et personnage ont la même identité, mais le narrateur également [1] ». L'autofiction a ainsi la particularité de mêler le récit fidèle, autobiographique de la vie de l'auteur et le récit de fiction qui naît d'une expérience vécue par ce dernier. Il s'agit aujourd'hui d'un genre majeur de la littérature contemporaine, et des auteurs comme Michel Houellebecq (né en 1956) ou Christine Angot (née en 1959) en sont parmi les plus célèbres représentants.

■ Michel Houellebecq (né en 1956), *La Carte et le Territoire*

Une pluie régulière tombait sur Shannon [2], et le chauffeur de taxi était un imbécile malfaisant. « *Gone for holidays* [3] ? » questionna-t-il, comme s'il se réjouissait par avance de sa déconvenue. « *No, working* [4] », répondit Jed, qui ne voulait pas lui donner cette
5 joie, mais l'autre, visiblement, ne le crut pas. « *What kind of job you're doing* [5] ? » questionna-t-il, sous-entendant clairement par son intonation qu'il estimait improbable qu'on lui confie un travail quelconque. « *Photography* [6] », répondit Jed. L'autre renifla, admettant sa défaite.

---

1. Serge Doubrovsky, « Autobiographie/vérité/psychanalyse », *Autobiographiques. De Corneille à Sartre*, Presses universitaires de France, 1988, p. 68-70.
2. *Shannon* : ville d'Irlande.
3. *« Gone for holidays ? »* : « Parti en vacances ? »
4. *« No, working »* : « Non, je travaille ».
5. *« What kind of job you're doing ? »* : « Quel genre de travail faites-vous ? »
6. *« Photography »* : « De la photographie ».

10   Il tambourina pendant au moins deux minutes à sa porte, sous
une pluie battante, avant que Houellebecq ne vienne lui ouvrir.
L'auteur des *Particules élémentaires* [1] était vêtu d'un pyjama rayé
gris qui le faisait vaguement ressembler à un bagnard de feuilleton
télévisé ; ses cheveux étaient ébouriffés et sales, son visage rouge,
15 presque couperosé [2], et il puait un peu. L'incapacité à faire sa toilette
est un des signes les plus sûrs de l'établissement d'un état dépressif, se
souvint Jed.

« Je suis désolé de forcer votre porte, je sais que ça ne va pas très
bien. Mais je suis impatient de me mettre à mon tableau de vous… »
20 dit-il, et il produisit un sourire *désarmant*. « *Sourire désarmant* » est
une expression qu'on rencontre encore dans certains romans, et
qui doit donc correspondre à une réalité quelconque. Mais Jed ne
se sentait malheureusement pas, pour sa part, suffisamment naïf
pour pouvoir être *désarmé* par un sourire ; et, soupçonnait-il,
25 Houellebecq pas davantage. L'auteur du *Sens du combat* [3] se recula
cependant d'un mètre, juste assez pour lui permettre de s'abriter de
la pluie, sans cependant lui ouvrir vraiment l'accès de son intérieur.

« J'ai amené une bouteille de vin. Une bonne bouteille !… » s'ex-
clama Jed avec un enthousiasme un peu faux, à peu près comme on
30 propose des caramels aux enfants, tout en la sortant de son sac de
voyage. C'était un Château Ausone 1986, qui lui avait quand même
coûté 400 euros – une douzaine de vols Paris-Shannon par Ryanair.

« Une seule bouteille ? » demanda l'auteur de *La Poursuite du
bonheur* [4] en allongeant le cou vers l'étiquette. Il puait un peu,
35 mais moins qu'un cadavre ; les choses auraient pu se passer plus

---

1. *Les Particules élémentaires* : deuxième roman de Michel Houellebecq,
publié en 1998.
2. *Couperosé* : atteint de couperose, maladie de la peau caractérisée par des
tâches rougeâtres.
3. *Le Sens du combat* : recueil de poèmes de Michel Houellebecq, publié en
1996.
4. *La Poursuite du bonheur* : recueil de poèmes de Michel Houellebecq,
publié en 1991.

mal, après tout. Puis il se retourna sans un mot, après avoir agrippé la bouteille ; Jed interpréta ce comportement comme une invitation.

© Flammarion, 2010, deuxième partie, chapitre IV.

■ Christine Angot (née en 1959), *L'Inceste*

Tant pis

Bonbon Kréma, jardin public, palets au chocolat, avec noisettes, entières, rue Grande, mon petit copain Jean-Pierre, Chantal Ligot, ma brouette, notre magasin, qu'on avait fait dans la
5 cave, pas la cave, une sorte de maison abandonnée attenante, avec des vitres cassées, la tourelle, la grosse porte en bois qu'on n'ouvrait pas. Mais aussi autre chose. Plus tard. À partir du moment où je me suis appelée Angot[1]. Est-ce que tu penses qu'il aurait mieux valu finalement que tu ne t'appelles jamais Angot.
10 Philippe Sollers[2] : Angot, au dix-huitième siècle, c'était des femmes prêtes à tout pour réussir, on appelait ça une Angot. Le Codec[3], c'est fait. Le Touquet[4], je vais le faire, ça ne m'amuse pas. [...] Nancy, j'en ai déjà dit pas mal. Qu'est-ce qu'il y a d'autre ? Je réfléchis. Il y a l'adret et l'ubac[5]. Avec Mozart dans
15 la voiture, en Isère, où on avait loué huit ou quinze jours une maison dans un petit village. Il me montrait l'adret et l'ubac de chaque côté de la route, avec une cassette de Mozart ou

---

1. Christine Angot n'a pris le nom de son père qu'à l'âge de 14 ans, lorsque celui-ci l'a reconnue officiellement.
2. *Philippe Sollers* : écrivain français né en 1936, admirateur de Christine Angot.
3. *Le Codec* : une enseigne de supermarchés.
4. *Le Touquet* : station balnéaire dans le Pas-de-Calais, au bord de la Manche.
5. *L'adret et l'ubac* : les deux versants d'une colline. L'adret est celui qui reçoit le plus de lumière.

d'Albinoni [1]. Ç'avait été l'enfer. [...] Les restaurants, trop de restaurants. Trop de restaurants et d'hôtels, énormément de visites
20 d'églises, de cathédrales, de points intéressants, y compris physiques, géologiques, géographiques, en Isère justement une résurgence [2]. Tu sais ce que c'est une résurgence ? Et on était allés voir
la résurgence. Le guide d'Isère, c'était son père qui l'avait
concocté, quand il travaillait chez Michelin. Ni de la haine, ni de
25 l'amour, ni de l'indifférence, de la reconnaissance. Ce n'est pas
dans mon Châteauroux [3] merdique, que j'aurais vu des résur-
gences, dans le milieu de ma mère, du moins dans le milieu où
était née ma mère. Ni que j'aurais appris à parler allemand sur le
coin d'une table de café, ni que j'aurais eu 19 sur 20 au bac en
30 latin, à force d'étudier à fond, les deux premières phrases d'une
version.
[...]
L'allemand
C'était facile d'apprendre une langue. J'arrivais à Reims dans
35 une école allemand première langue, j'avais fait anglais. Les
autres avaient trois ans d'allemand, moi rien. C'était facile. Lui,
l'espagnol etc., une grammaire, une bonne grammaire, du voca-
bulaire. Mais il y avait un programme, des leçons. Non, si
j'apprenais l'allemand, au BEPC, ils ne pouvaient pas me recaler.
40 Il avait réponse à tout. [...]
La politesse
Tu aurais dû laisser passer cette femme.
On ne dit pas par contre mais en revanche.
On n'oublie pas la négation.

---

1. *Albinoni* (1671-1751) : violoniste et compositeur italien de musique
baroque.
2. *Résurgence* : réapparition en surface d'une rivière souterraine ou d'eaux
d'infiltration.
3. Christine Angot a passé son enfance à Châteauroux (préfecture de l'Indre),
avec sa mère et sa grand-mère, son père ayant quitté le foyer familial avant sa
naissance. Elles se sont ensuite installées à Reims.

⁴⁵ À la campagne on dit bonjour aux gens qu'on rencontre.

Il était incollable sur les règles de politesse, sur les règles grammaticales, dans toutes les langues, sur les règles de prononciation, sur les usages. Il avait beaucoup de connaissances. On avait l'impression que, dans certains domaines, il connaissait ⁵⁰ tout. L'adret, l'ubac, quand on se promène au sommet d'une montagne, quand on rencontre quelqu'un qu'on ne connaît pas, on lui dit bonjour.

© Stock, 1999.

DOSSIER

Parcours de lecture

 PARCOURS DE LECTURE N° 1 : Rousseau,
Les Confessions, « le peigne cassé » **(p. 37)**

À la découverte du texte

1. De quoi l'auteur est-il accusé ?

2. Est-il coupable, d'après lui ?

3. Quel sentiment éprouve-t-il après la punition ?

Les ressorts du récit autobiographique

1. Quels paragraphes sont consacrés au récit de l'aventure ?

2. Quels paragraphes font référence au moment de l'écriture ?

3. Quelle est la valeur du présent ?

La construction du moi

1. Relevez dans le texte les termes mélioratifs.

2. Quel reproche le narrateur adresse-t-il aux adultes ? Quels termes emploie-t-il ?

3. Quelle est l'attitude du narrateur à l'égard de l'enfant qu'il a été ?

4. L'épisode du peigne cassé a eu une grande importance dans l'histoire personnelle de Rousseau : justifiez cette affirmation en citant le texte.

À la découverte du texte

1. Qui est l'auteur de ce texte ?

2. Quel était son rôle à l'époque des faits évoqués ? et à l'époque où paraissent ses *Mémoires de guerre* ?

3. De quel événement historique est-il ici question ?

La situation d'énonciation

1. Relevez deux pronoms personnels désignant le général de Gaulle.

2. Quel est l'effet produit ?

3. Quel type de présent est employé dans le texte ?

4. Quelle impression ce présent crée-t-il ?

Le jour de gloire

1. Sur quelle cérémonie le texte s'ouvre-t-il ? Expliquez le sens de la phrase : « je ranime la flamme ».

2. Relevez les expressions qui évoquent la foule : à quel champ lexical appartiennent-elles ?

3. Quel contraste observe-t-on entre le comportement de celle-ci et l'attitude du général de Gaulle ? Relevez deux adjectifs qui caractérisent ce dernier.

4. Relevez les lieux parisiens évoqués dans le texte. Que symbolisent-ils ?

PARCOURS DE LECTURE N° 3 : La Rochefoucauld, « Portrait de La Rochefoucauld fait par lui-même » (p. 61)

Repérer la composition du texte

1. Quel aspect de sa personne l'autoportraitiste décrit-il en premier (son physique ou son esprit) ?

2. Quel élément décrit-il dans un second temps ?

3. Repérez les principaux traits de caractère de La Rochefoucauld : quelles sont ses qualités ? ses défauts ?

Étude des temps

1. Quel est le temps employé ?

2. Quelle est sa valeur ?

Les expansions nominales

1. Repérer les expansions des noms communs « taille », « teint », « front », « yeux ».

2. Donnez leur classe grammaticale et leur fonction.

Récits d'enfance

(groupement de textes)

« Je suis moi-même la matière de mon livre », écrivait Montaigne. Quelle que soit la forme qu'ils donnent à leur œuvre, les écrivains et les artistes s'inspirent dans leur art de l'expérience vécue. L'histoire de chacun détermine d'une manière ou d'une autre son regard sur le monde. En marge des voies classiques du récit autobiographique, l'écriture de soi emprunte parfois des chemins originaux, dont voici quelques exemples.

◎ Je, tu, il : l'enfance de Nathalie Sarraute et de Patrick Chamoiseau

Le récit autobiographique s'écrit-il forcément à la première personne ? Nathalie Sarraute (1900-1999) et Patrick Chamoiseau (né en 1953) suggèrent d'autres formes d'écriture de soi.

Nathalie Sarraute, *Enfance* (1983)

Dans *Enfance*, Nathalie Sarraute adopte un dispositif narratif original, sans antécédents dans l'autobiographie. Au lieu de raconter sa vie à la première personne, l'écrivain fait parler deux voix qui se donnent la réplique. Cet incessant dialogue entre une voix qui dit « je » et s'exprime au présent et une voix démystificatrice qui dit « tu » (et s'exprime le plus souvent au passé) est le fruit d'une réflexion sur la mémoire et le travail de l'autobiographe. Toujours tentée de présenter le passé comme un « âge d'or », la première voix est chargée de lancer les souvenirs. Mais, à la moindre complaisance, une seconde voix intervient pour rappeler à l'ordre la première, exiger d'elle plus de précision, moins d'exagération. Dans l'extrait suivant, Nathalie Sarraute évoque sa vocation contrariée d'écrivain en herbe, après qu'elle a soumis ses premiers travaux d'écriture au jugement d'un ami de sa mère.

– Bon, « l'oncle [1] » ouvre le cahier à la première page… les lettres à l'encre rouge sont très gauchement tracées, les lignes montent et descendent… Il les parcourt rapidement, feuillette plus loin, s'arrête de temps en temps… il a l'air étonné… il a l'air mécontent… Il referme le cahier, il me le rend et il dit : « Avant de se mettre à écrire un roman, il faut apprendre l'orthographe… »

J'ai remporté le cahier dans ma chambre, je ne sais plus ce que j'en ai fait, en tout cas il a disparu, et je n'ai plus écrit une ligne…

– C'est un des rares moments de ton enfance dont il t'est arrivé parfois, bien plus tard, de parler…

– Oui, pour répondre, pour donner des raisons à ceux qui me demandaient pourquoi j'ai tant attendu avant de commencer à

---

1. *L'oncle* : c'est ainsi qu'en Russie, où la narratrice a grandi, les enfants désignent les hommes adultes.

« écrire »… C'était si commode, on pouvait difficilement trouver quelque chose de plus probant : un de ces magnifiques « traumatismes de l'enfance »…

– Tu n'y croyais pas vraiment ?

– Si, tout de même, j'y croyais… par conformisme. Par paresse. Tu sais bien que jusqu'à ces derniers temps je n'ai guère été tentée de ressusciter les événements de mon enfance. Mais maintenant, quand je m'efforce de reconstituer comme je peux ces instants, ce qui me surprend d'abord, c'est que je ne retrouve pour ainsi dire pas de colère ou de rancune contre « l'oncle ».

– Il y a dû en avoir pourtant… Il avait été brutal…

– C'est sûr. Mais elle s'est probablement très vite effacée et ce que je parviens à retrouver, c'est surtout une impression de délivrance… un peu comme ce qu'on éprouve après avoir subi une opération, une cautérisation[1], une ablation[2] douloureuses, mais nécessaires, mais bienfaisantes…

– Il n'est pas possible que tu l'aies perçu ainsi sur le moment…

– Évidemment. Cela ne pouvait pas m'apparaître tel que je le vois à présent, quand je m'oblige à cet effort… dont je n'étais pas capable… quand j'essaie de m'enfoncer, d'atteindre, d'accrocher, de dégager ce qui est resté là, enfoui.

Nathalie Sarraute, *Enfance*, © Gallimard, 1983.

Patrick Chamoiseau, *Une enfance créole* (1990)

Parler de soi en disant « il » est un tour de force réussi par de nombreux autobiographes. Après Gertrude Stein (*Autobiographie d'Alice Toklas*, 1934) et avant Régine Detambel (*L'Écrivaillon*, 1998), l'écrivain antillais Patrick Chamoiseau raconte sa vie à la troisième personne du singulier dans son autobiographie intitulée *Une enfance créole* (1990). L'extrait suivant relate la naissance et la prime enfance du « négrillon »…

---

1. *Cautérisation* : action de brûler un tissu afin d'en détruire les parties malades ou d'arrêter un écoulement de sang.
2. *Ablation* : action d'enlever un organe du corps humain.

Où débute l'enfance ? Au souvenir de la vision du monde sous le premier regard ? À l'éclaboussure du pays-vu contre la prime conscience ? La haute confidente [1] évoque une soirée commencée en douleurs. La valise était prête depuis l'après-Toussaint. Le voyage se fit à pied au long du canal Levassor, vers l'hôpital civil. À 21 heures, un jeudi oui, sous la boule des pluies et des vents de décembre [2], la sage-femme cueillit le premier cri, et la confidente d'aujourd'hui accueillit « le dernier bout de ses boyaux ». C'était sa manière créole de nommer le cinquième – et en résolution – le dernier de ses enfants.

Quand, aujourd'hui, vient de celui-ci l'étonnement plus ou moins imbécile : Mais Manman, pourquoi es-tu montée à pied ? Eti man té ké pwan lajan pou trapé loto-a [3] ? Où aurais-je pris l'argent pour payer la voiture ? dit-elle, à la fois fière et consternée.

Il est arrivé à l'homme de refaire ce chemin de naissance. Descendre la rue François-Arago, dépasser l'allégresse odorante du marché aux poissons, puis longer le canal jusqu'au Pont de chaînes. Il lui est arrivé aussi de goûter les soirées du jeudi quand vingt et une heures livraient Fort-de-France [4] aux clous jaunâtres de la lumière publique. Il lui est arrivé, enfin, d'examiner les orages nocturnes de décembre quand ils surgissaient un jeudi, avec l'envie d'y percevoir, non pas un signe, mais une sensation familière, une résurgence de la primordiale sensation. Ce fut en vain. L'homme connaît aujourd'hui un faible mélancolique pour les temps de pluie, les vents humides et les nuits advenues en rivière. Peut-être même eût-il été poète s'il n'y avait pas eu autant de mauvais goût dans ces préférences trop évidemment belles.

C'était de toute façon prévisible : le négrillon [5] n'eut rien de très

---

1. *La haute confidente* : la mère de Patrick Chamoiseau, appelée plus bas « Manman ».

2. *Sous la boule des pluies et des vents de décembre* : Patrick Chamoiseau est né en décembre 1953.

3. *Eti man té ké pwan lajan pou trapé loto-a* : la mère de Patrick Chamoiseau s'exprime en créole (langue parlée par les descendants des esclaves noirs aux Antilles).

4. *Fort-de-France* : chef-lieu de la Martinique, où est né Patrick Chamoiseau.

5. *Le négrillon* : c'est ainsi que Patrick Chamoiseau se dénomme dans son autobiographie.

spécial. Petit, malingre [1], l'œil sans grande lumière, consommant l'art du caprice, il déchaînait des catastrophes en lui-même à la moindre remarque. Il avait le goût d'être hors du monde, de rester immobile sur le toit des cuisines à compter les nuages ou à suivre en transparence les sécrétions de ses pupilles. De frénétiques périodes l'incitaient à tout escalader, comme ces ouistitis dont il avait la corpulence, à peu près le son de gorge et la même énergie corruptrice des patiences. Il fut même (affirme souvent un rancunier grand frère) téteur jusqu'à un âge déconseillé par la raison. Au long des journées, il aurait vocalisé cet unique cri sur un rythme cannibale : Titac tété !… Titac tété !… Sans recourir à ce dernier mensonge, c'eût été facile de prévoir l'absence là d'un vrai poète. Ses illusions seules lui firent accroire cette baboule [2] durant les crises d'adolescence.

Son seul génie fut d'être un tueur. Il fut sacré roi (par lui-même) des araignées et des fourmis, des libellules et vers de terre victimes pourtant de ses massacres. Il fut l'Attila des blattes [3] rouges et des gros ravets sombres que l'on criait Klaclac. Et il mena campagne contre une colonie de rats impossible à ruiner. Ce tueur a une histoire – la voilà – il est douteux qu'il en soit fier.

Patrick Chamoiseau, Une enfance créole, © Gallimard, 1990.

À la manière de Patrick Chamoiseau dans *Une enfance créole*, racontez votre naissance et votre petite enfance à la troisième personne du singulier.

 ## Le questionnaire de Marcel Proust : « Connais-toi toi-même »

En 1893, à l'âge de vingt-deux ans, l'écrivain Marcel Proust (1871-1922) rédigea un questionnaire à caractère autobiographique. Répondez à votre tour à ce questionnaire en vous efforçant d'être le plus sincère possible…

---

1. *Malingre* : chétif, en mauvaise santé.
2. *Baboule* : danse d'origine africaine.
3. *Blattes* : cafards.

Quel(le) est / Quel(le)s sont :

1. Le principal trait de mon caractère.

2. La qualité que je désire chez un homme.

3. La qualité que je désire chez une femme.

4. Ce que j'apprécie le plus chez mes amis.

5. Mon principal défaut.

6. Mon occupation préférée.

7. Mon rêve de bonheur.

8. Quel serait mon plus grand malheur.

9. Ce que je voudrais être.

10. Le pays où je désirerais vivre.

11. La couleur que je préfère.

12. La fleur que j'aime.

13. L'oiseau que je préfère.

14. Mes auteurs favoris en prose.

15. Mes poètes préférés.

16. Mes héros dans la fiction.

17. Mes héroïnes favorites dans la fiction.

18. Mes compositeurs préférés.

19. Mes peintres favoris.

20. Mes héros dans la vie réelle.

21. Mes héroïnes dans l'histoire.

22. Mes noms favoris.

23. Ce que je déteste par-dessus tout.

24. Les caractères historiques que je méprise le plus.

25. Le fait militaire que j'admire le plus.

26. La réforme que j'estime le plus.

27. Le don de la nature que je voudrais avoir.

28. Comment j'aimerais mourir.

29. L'état présent de mon esprit.

30. Les fautes qui m'inspirent le plus d'indulgence.

31. Ma devise.

La saveur d'une époque révolue : *Je me souviens* de Georges Perec

Comment écrire le souvenir ? Plus que tout autre écrivain, Georges Perec (1936-1982) a tenté de répondre à cette question. Avec *Je me souviens* (1978), Perec propose une écriture autobiographique originale. « Ces "je me souviens", écrit-il en présentation de son livre, ne sont pas exactement des souvenirs, et surtout pas des souvenirs personnels, mais des petits morceaux de quotidien, des choses que, telle ou telle année, tous les gens d'un même âge ont vues, ont vécues, ont partagées, et qui ensuite ont disparu, ont été oubliées ; elles ne valaient pas la peine d'être mémorisées, elles ne méritaient pas de faire partie de l'Histoire, ni de figurer dans les mémoires des hommes d'État, des alpinistes et des monstres sacrés. Il arrive pourtant qu'elles reviennent, quelques années plus tard, intactes et minuscules, par hasard ou parce qu'on les a cherchées, un soir, entre amis : c'était une chose qu'on avait apprise à l'école, un champion, un chanteur ou une starlette qui perçait, un air qui était sur toutes les lèvres, un hold-up ou une catastrophe qui faisait la une des quotidiens, un best-seller, un scandale, un slogan, une habitude, une expression, un vêtement ou une manière de le porter, un geste, ou quelque chose d'encore plus mince, d'inessentiel, de tout à fait banal, miraculeusement arraché à son insignifiance, retrouvé pour un instant, suscitant pendant quelques secondes une impalpable petite nostalgie. »

Grâce à ses quelque 480 souvenirs, qui s'échelonnent pour la plupart entre 1946 et 1961, Perec, en redessinant son passé à la manière d'un impressionniste, livre également aux lecteurs de sa génération des bribes de leur propre autobiographie.

172

Je me souviens que le Dr. Spock fut candidat à la présidence des États-Unis.

173

Je me souviens de Jacqueline Auriol, la femme « la plus vite du monde ».

<h1 style="text-align:center">174</h1>

Je me souviens de Mai 68.

<h1 style="text-align:center">175</h1>

Je me souviens du Biafra.

<h1 style="text-align:center">176</h1>

Je me souviens de la guerre entre l'Inde et le Pakistan.

<h1 style="text-align:center">177</h1>

Je me souviens de Youri Gagarine.

<h1 style="text-align:center">178</h1>

Je me souviens que le Studio Jean Cocteau s'appelait avant le Celtic.

<h1 style="text-align:center">179</h1>

Je me souviens que le lendemain de la mort de Gide, Mauriac reçut ce télégramme : «Enfer n'existe pas. Peux te dissiper. Stop. Gide.»

<h1 style="text-align:center">180</h1>

Je me souviens que Burt Lancaster était acrobate.

<h1 style="text-align:center">181</h1>

Je me souviens que Johnny Hallyday est passé en vedette américaine à Bobino avant Raymond Devos (je crois même avoir dit quelque chose du genre de : «si ce type fait une carrière, je veux bien être pendu…»).

<h1 style="text-align:center">183</h1>

Je me souviens que j'étais souvent confondu avec un élève qui s'appelait Bellec.

<h1 style="text-align:center">185</h1>

Je me souviens des trous dans les tickets de métro.

189

Je me souviens que SFIO voulait dire : Section Française de l'Internationale Socialiste.

191

Je me souviens de la surprise que j'ai éprouvée en apprenant que « cow-boy » voulait dire « garçon vacher ».

193

Je me souviens que Robespierre eut la mâchoire fracassée par le gendarme Merda, qui devint plus tard colonel.

194

Je me souviens de :
« C'est assez, dit la baleine, j'ai le dos fin, je me cache à l'eau. »
et de :
« Racine boit l'eau de la fontaine Molière ».

195

Je me souviens des radio-crochets.

197

Je me souviens des films avec le chien Rin-Tin-Tin, et aussi de ceux avec Shirley Temple, et aussi des poésies de Minou Drouet.

Georges Perec, *Je me souviens*, © Hachette, 1978.

 Sujet d'écriture

À la manière de Georges Perec, vous rédigerez dix souvenirs de votre enfance. Chaque souvenir devra tenir en une phrase et faire référence à un événement privé ou historique qui aura marqué votre jeunesse. Vous commencerez chacun de ces souvenirs par la formule : « Je me souviens... ».

Le lexique du souvenir

Si j'ai bonne mémoire

Dans les phrases suivantes, précisez si le mot « mémoire » est masculin ou féminin.

A. Les grands hommes rédigent souvent leurs *mémoires* à la fin de leur vie.	M	F
B. N'oublie pas de mettre en *mémoire* toutes les données que tu viens d'écrire sur ton ordinateur ; sans cela tu risques de les perdre.	M	F
C. Ces étudiants sont en retard : ils n'ont toujours pas commencé à rédiger leur *mémoire* de maîtrise.	M	F
D. Les personnes âgées ont souvent des trous de *mémoire*.	M	F
E. Ce savant est vraiment très actif : il envoie *mémoire* sur *mémoire* à l'Académie des sciences.	M	F
F. De *mémoire* de rugbyman, jamais l'équipe de France de rugby n'avait joué un si beau match.	M	F

Souvenir, souvenir…

On retrouve un certain nombre de racines grecques ou latines dans la plupart des mots français appartenant au champ lexical de la mémoire. En ayant recours à l'étymologie, complétez les phrases avec le mot qui convient (un seul terme est répété).

amnésie – amnistiable – amnistie – commémoratif –
commémoration – commémorer – immémorial(e) –
mémorable – mémorial – mnémotechnique –
(se) remémorer – réminiscence

1. Chaque année, une cérémonie.............. l'armistice du 8 mai 1945.

2. Je ne me souviens pas de cet événement : il remonte à une époque..............

3. Nous avons passé des vacances.............. en Amérique ; plus de dix ans après, je m'en souviens encore.

4. Une.............. est un souvenir involontaire, provoquée parfois par une sensation.

5. Albert est devenu amnésique ; il ne parvient plus à se.............. son passé.

6. Napoléon a rédigé ses souvenirs dans un livre intitulé le.............. *de Sainte-Hélène*.

7. À l'intérieur du camp de concentration d'Auschwitz, un.............. a été érigé pour perpétuer le souvenir des victimes du nazisme.

8. Des plaques.............. sont souvent apposées sur les façades des maisons où ont vécu des hommes célèbres.

9. Pour apprendre ses leçons, Pierre a parfois recours à des procédés..............

10. Cet individu est frappé d'.............. : il n'arrive plus à retrouver son propre nom !

11. Les crimes contre l'humanité ne sont pas.............. : on considère qu'ils sont beaucoup trop graves pour être prescrits.

12. Le 14 juillet de chaque année, de grandes fêtes célèbrent la.............. de la Révolution française.

13. Dès son élection, le président de la République a fait voter une loi d'.............. Grâce à cette loi, un certain nombre de prisonniers ont été graciés.

Le jeu des temps dans le récit autobiographique

Récit tout entier tourné vers le passé, l'autobiographie s'enracine aussi dans le présent. Parvenu au soir de sa vie, l'autobiographe prend plaisir à mesurer le chemin parcouru entre les années de jeunesse et les années de la maturité. Aussi intervient-il souvent au présent pour poser un regard d'adulte sur la personne qu'il a été.

Valeurs du présent (rappel)

1. On distingue généralement en français trois types de présent : le présent de narration, le présent d'énonciation et le présent de vérité générale. Reliez chaque type de présent à sa définition.

Présent de narration •

Présent d'énonciation •

Présent de vérité générale •

• Présent employé pour introduire dans le cours du récit une réflexion qui vient à l'esprit du narrateur au moment où il est en train d'écrire.

• Présent employé pour désigner des faits qui échappent au temps, des remarques qui restent vraies en dehors de toute actualité.

• Présent employé pour raconter des événements passés, auxquels on donne un effet d'actualité, de « direct ».

2. Lisez attentivement l'incipit de *Souvenirs pieux* de Marguerite Yourcenar puis identifiez les valeurs des verbes au présent en complétant le tableau page suivante.

L'être que **j'appelle** moi vint au monde un certain lundi 8 juin 1903, vers les 8 heures du matin, à Bruxelles, et naissait d'un Français appartenant à une vieille famille du Nord, et d'une Belge dont les ascendants avaient été durant quelques siècles fixés dans le Hainaut. La maison où se passait cet événement, puisque toute naissance en **est** un pour le père et la mère et quelques personnes qui leur **tiennent** de près, se trouvait située au numéro 193 de l'avenue Louise, et a disparu il y a une quinzaine d'années, dévorée par un building.

Ayant consigné ces quelques faits qui ne **signifient** rien par eux-mêmes, et qui, cependant, **mènent** plus loin que notre propre histoire et même que l'histoire tout court, **je m'arrête**, prise de vertige devant l'inextricable enchevêtrement d'incidents et de circonstances qui plus ou moins nous déterminent tous.

Marguerite Yourcenar, *Souvenirs pieux*, © Gallimard, 1974.

Verbes relevés	Type de présent (de narration, d'énonciation, de vérité générale)
j'appelle	
est	
tiennent	
signifient	
mènent	
je m'arrête	

3. Faites le même exercice à partir de ce texte de Jean-Jacques Rousseau.

À qui s'en prendre de ce dégât ? personne autre que moi n'était entré dans la chambre. **On m'interroge** : **je nie** d'avoir touché le peigne. M. et Mlle Lambercier **se réunissent**, **m'exhortent**, **me pressent**, **me menacent** ; **je persiste** avec opiniâtreté ; mais la conviction était trop forte, elle l'emporta sur toutes mes protestations [...]. La chose fut prise au sérieux ; elle méritait de l'être. La méchanceté, le mensonge, l'obstination parurent également dignes de punition [...]. **Il y a** maintenant près de cinquante ans de cette aventure, et **je n'ai pas peur** d'être puni derechef pour le même fait ; hé bien, **je déclare** à la face du ciel que j'en étais innocent, que je n'avais ni cassé ni touché le peigne [...].

Rousseau, *Les Confessions*, I, 1782.

Verbes relevés	Type de présent (de narration, d'énonciation, de vérité générale)
On m'interroge	
Je nie	
[M. et Mlle Lambercier] se réunissent	
[Ils] m'exhortent	
[Ils] me pressent	
[Ils] me menacent	
Je persiste	
Il y a	
Je n'ai pas peur	
Je déclare	

Procédés d'écriture

Figures de style

Retrouvez les procédés d'écriture employés dans les extraits suivants (p. 109-112) en vous servant de la liste ci-dessous. Pour vous aider, nous avons mis en gras les passages comportant une figure de style. Vous pouvez aussi vous reporter au tableau p. 111. À vous de jouer !

• Figures de substitution : la comparaison, la métaphore, la métonymie.

• Figures d'opposition et de mise en relief : l'antithèse, l'anaphore, l'énumération.

• Autres procédés : l'apostrophe.

A. Je me suis montré tel que je fus ; méprisable et vil quand je l'ai été ; bon, généreux, sublime, quand je l'ai été : j'ai dévoilé mon intérieur tel que tu l'as vu toi-même. **Être éternel, rassemble autour de moi l'innombrable foule de mes semblables** ; qu'ils écoutent mes confessions, qu'ils gémissent de mes indignités, qu'ils rougissent de mes misères.

Rousseau, *Les Confessions*, livre I (1782).

Le procédé d'écriture employé est : ....

B. Lorsqu'en se promenant, [mon père] s'éloignait du foyer, la vaste salle était si peu éclairée par une seule bougie qu'on ne le voyait plus ; on l'entendait seulement encore marcher dans les ténèbres : puis il revenait lentement vers la lumière et émergeait peu à peu de l'obscurité, **comme un spectre**, avec sa robe blanche, son bonnet blanc, sa figure longue et pâle.

Chateaubriand, *Mémoires d'outre-tombe* (1848).

Le procédé d'écriture employé est : ....

C. Là tout est si étriqué, mesquin, parcimonieux... alors que chez nous là-bas, on voit à chaque instant **des palais, des hôtels, des meubles, des objets, des jardins, des équipages de toute beauté,** comme on n'en voit jamais ici, **des flots de pièces d'or, des rivières de diamants**...

Nathalie Sarraute, Enfance (1983).

Le procédé d'écriture employé est : ....

D. Les ouvrages du rayon supérieur restèrent longtemps hors de ma portée ; d'autres, à peine je les avais découverts, me furent ôtés des mains ; d'autres, encore, se cachaient : je les avais pris, j'en avais commencé la lecture, je croyais les avoir remis en place, il fallait une semaine pour les retrouver. [...] Couché sur le tapis, j'entrepris d'arides voyages à travers **Fontenelle, Aristophane, Rabelais** : les phrases me résistaient à la manière des choses, il fallait les observer, en faire le tour, feindre de m'éloigner et revenir brusquement pour les surprendre hors de leur garde : la plupart du temps, elles gardaient leur secret.

Jean-Paul Sartre, Les Mots (1964).

Le procédé d'écriture employé est : ....

E. Je ranime la flamme. Depuis le 14 juin 1940, nul n'avait pu le faire qu'en présence de l'envahisseur. Puis, je quitte la voûte et le terre-plein. Les assistants s'écartent. Devant moi, les Champs-Élysées !

Ah ! **C'est la mer** ! Une foule immense est massée de part et d'autre de la chaussée. Peut-être deux millions d'âmes. [...] Si loin que porte ma vue, ce n'est qu'**une houle vivante**, dans le soleil, sous le tricolore.

Charles de Gaulle, Mémoires de guerre (1954).

Le procédé d'écriture employé est : ....

Les principales figures de style.

Procédés d'écriture	Définitions	Exemples
Comparaison	Procédé qui consiste à établir un rapprochement entre des êtres ou des choses qui ont entre eux un ou plusieurs points communs.	• Alexandre est bête comme un âne. • Ses cheveux sont blancs comme la neige.
Métaphore	Comparaison implicite (sans instrument de comparaison).	• Alexandre est un âne. • La neige de ses cheveux.
Métonymie	Procédé qui consiste à désigner un objet ou un individu par une chose qui lui est logiquement liée : – le tout par la partie (1) – le contenu par le contenant (2) – un livre par le nom de son auteur (3), etc.	• (1) Une voile à l'horizon ! (une voile = un bateau). • (2) Boire un verre (on ne boit pas le verre, mais le contenu du verre). • (3) Lire un Balzac (= lire un livre de Balzac).
Antithèse	Procédé qui consiste à opposer deux termes ou expressions de sens contraire.	• À père avare, fils prodigue. • Tel qui rit vendredi, dimanche pleurera.
Anaphore	Procédé qui consiste à reprendre un même terme à la même place et avec la même fonction grammaticale.	« Rome, l'unique objet de mon ressentiment !/Rome, à qui vient ton bras d'immoler mon amant !/Rome qui t'a vu naître et que ton cœur adore !/Rome enfin que je hais parce qu'elle t'honore ! » (Pierre Corneille.)
Énumération	Procédé qui consiste à énoncer une série plus ou moins longue de mots de même nature grammaticale.	« Avez-vous déjà pensé à la tristesse que représenteraient les rues, les places, les gares, le métro, les palaces, les dancings, les cinémas, le wagon-restaurant, le voyage, les routes pour automobiles... [sans la publicité ?] » (Blaise Cendrars.)
Apostrophe	Procédé qui consiste à interpeller le destinataire du discours ; l'apostrophe s'accompagne souvent du mode impératif.	« Chef de la Résistance martyrisé dans des caves hideuses, regarde de tes yeux disparus toutes ces femmes noires qui veillent nos compagnons. » (André Malraux, parlant de Jean Moulin.)

■ Les principales figures de styles.

F. Je vais donc, ému et tranquille, au milieu de l'exultation indicible de la foule, sous **la tempête des voix** qui font retentir mon nom, tâchant, à mesure, de poser mes regards sur **chaque flot de cette marée** afin que la vue de tous ait pu entrer dans mes yeux, élevant et abaissant les bras pour répondre aux acclamations.

Ibid.

Le procédé d'écriture employé est : ....

G. Dans cette communauté, qui n'est qu'**une seule** pensée, **un seul** élan, **un seul** cri, les différences s'effacent [...]. Innombrables Français [...], si vous saviez comme vous êtes pareils ! **Vous**, les enfants, si pâles ! qui trépignez et criez de joie ; **vous**, les femmes, portant tant de chagrins, qui me jetez vivats et sourires ; **vous**, les hommes, inondés d'une fierté longtemps oubliée [...] ; **vous**, les vieilles gens, qui me faites l'honneur de vos larmes, ah ! comme vous vous ressemblez !

Ibid.

Le procédé d'écriture employé est : ....

H. Est-ce parce que je suis **entré le dernier** à l'Académie Goncourt que j'en **sortirai le premier** ? [...]
Mirbeau **se lève triste** et **se couche furieux**.

Jules Renard, *Journal* (1887-1910).

Le procédé d'écriture employé est : ....

I. Je puis me rappeler le jour et l'heure où, pour la première fois, mon regard se posa sur ce garçon qui allait devenir la source de **mon plus grand bonheur** et de **mon plus grand désespoir**. C'était deux jours après mon seizième anniversaire, à trois heures de l'après-midi, par une grise et sombre journée d'hiver allemand.

Fred Uhlman, *L'Ami retrouvé* (1978).

Le procédé d'écriture employé est : ....

In memoriam

1. Quel est le procédé de style employé dans ce texte d'Élie Wiesel ?

Jamais je n'oublierai cette nuit, la première nuit de camp qui a fait de ma vie une nuit longue et sept fois verrouillée.

Jamais je n'oublierai cette fumée.

Jamais je n'oublierai les petits visages des enfants dont j'avais vu les corps se transformer en volutes sous un azur muet.

Jamais je n'oublierai ces flammes qui consumèrent pour toujours ma Foi.

Jamais je n'oublierai ce silence nocturne qui m'a privé pour l'éternité du désir de vivre.

Jamais je n'oublierai ces instants qui assassinèrent mon Dieu et mon âme, et mes rêves qui prirent le visage du désert.

Jamais je n'oublierai cela, même si j'étais condamné à vivre aussi longtemps que Dieu lui-même. Jamais.

Élie Wiesel, *La Nuit* (1958).

2. Quel autre texte d'un auteur contemporain ces lignes vous évoquent-elles ?

3. Utilisez le même procédé d'écriture qu'Élie Wiesel pour relater un souvenir tragique ou, au contraire, un souvenir très heureux de votre existence.

Histoire des arts

Autoportraits

En art, l'autoportrait n'est pas seulement le propre des écrivains. De nombreux peintres se sont pris pour modèle, dans un élan parfois narcissique, mais aussi parce que le corps de l'artiste constitue pour lui-même un modèle toujours disponible et une source inépuisable d'exploration. Ces portraits – qui, avant l'invention de la photographie, avaient également un rôle de témoin et de passeur de mémoire – nous renseignent sur la physionomie de leurs auteurs, sur leur art, mais aussi sur le regard subjectif qu'ils portent sur eux-mêmes.

Albrecht Dürer (1471-1528)

Albrecht Dürer est l'un des plus grands représentants du genre. Dans le dessin composé en 1493, il se peint avec un oreiller et une main gauche disproportionnée. L'*Autoportrait à vingt-huit ans, portant un manteau avec col en fourrure*, peint en 1500 (voir p. 1 du cahier photos), est quant à lui particulièrement remarquable car le peintre s'y représente de face, un angle de vue peu utilisé alors dans le genre, où l'artiste apparaît souvent de trois-quarts.

1. À quoi voit-on que le dessin de 1493 (p. 1 du cahier photos) est une esquisse préparatoire ?

2. Ce dessin paraît-il fidèle à la réalité ?

3. Dans le tableau de 1500, quels éléments déjà présents dans l'esquisse peut-on retrouver ?

4. Comment le peintre s'est-il représenté ? Le portrait vous paraît-il fidèle à la réalité ?

Egon Schiele (1890-1918)

Peintre autrichien, Schiele s'est beaucoup exercé à l'art du portrait et de l'autoportrait. Son coup de pinceau novateur, volontiers provocateur, entend surprendre le spectateur, comme dans l'*Autoportrait* de 1912 (voir p. 4 du cahier photos).

1. Quel âge a l'artiste lorsqu'il peint cette œuvre ?

2. Analysez le contraste des couleurs. Qu'est-ce qui est mis en valeur par ce contraste ?

3. Observez et commentez le regard du peintre, ainsi que la position de sa main.

4. En quoi ce tableau est-il déroutant ?

5. Comment pourriez-vous interpréter ce tableau ?

___

❋ Frida Kahlo (1907-1954)

Frida Kahlo, artiste mexicaine, est elle aussi à l'origine d'une multitude d'autoportraits : on en dénombre une cinquantaine qui la représentent dans divers costumes et circonstances de la vie quotidienne. *La Colonne brisée* (p. 4 du cahier photos) témoigne d'une vie marquée par la maladie et la souffrance physique.

1. Décrivez cet autoportrait, en distinguant les différents plans (premier plan, second plan, troisième plan).

2. Analysez les contrastes des couleurs. Quel est l'effet produit ?

3. Quels symboles l'artiste a-t-elle utilisés dans cette peinture ?

4. Quelle est votre interprétation de ce tableau ?

___

Éducation aux nouveaux médias

Sophie Calle et l'exposition « Prenez soin de vous »

Lorsque l'artiste française Sophie Calle (née en 1953) reçoit un jour un e-mail de rupture qui se conclut par l'expression « prenez soin de vous », elle demande à plusieurs femmes, choisies pour leur métier d'interpréter la lettre sous un angle professionnel et de formuler une réponse. Le vaste projet donnera lieu à une exposition dans le cadre de la Biennale d'art contemporain de Venise en 2007, reprise à la Bibliothèque nationale de France en 2008.

Le projet

Rendez-vous sur un moteur de recherche en ligne et tapez « **Sophie Calle Prenez soin de vous dossier de presse BNF** ». Cliquez ensuite sur le lien qui correspond à cette adresse : **www.bnf.fr/documents/dp_calle.pdf**. À l'aide du document et de recherches complémentaires, répondez aux questions suivantes :

1. Qui est Sophie Calle ? Présentez l'artiste en quelques dates et quelques œuvres.

2. Où et quand l'exposition « Prenez soin de vous » a-t-elle eu lieu ?

3. Quel événement est à l'origine de cette exposition ?

4. Combien de femmes ont été mises à contribution par l'artiste ? Que leur a-t-elle demandé exactement ?

5. Comment l'artiste justifie-t-elle sa demande ?

6. Que pouvez-vous dire des différentes professions exercées par ces femmes ?

7. Qu'est-ce qu'un « commissaire d'exposition » ? Comment Sophie Calle a-t-elle choisi son commissaire d'exposition ? En quoi cette méthode est-elle originale ?

Sophie Calle explique « Prenez soin de vous »

Ouvrez une page Internet et tapez le lien suivant dans la barre d'adresse : **www.audiovisit.com/podcast/p20/sophie-calle-a-la-bnf.html**

1. De quelle radio provient ce « podcast » ?

2. Quel journaliste interroge Sophie Calle ?

3. Pourquoi et comment Sophie Calle a-t-elle choisi le lieu de son exposition ?

4. Ce lieu est-il généralement ouvert au public ?

5. Quelles contraintes ce choix imposait-il à l'artiste ?

6. En quoi ce lieu est-il l'endroit « idéal », selon Sophie Calle, pour présenter son projet ?

« Prenez soin de vous » en vidéos

Rendez-vous sur le site **www.youtube.com**. Tapez dans la barre de recherche « **Sophie Calle prenez soin de vous** ». Vous trouverez entre autre une *playlist* associée à la page de Sophie Calle, et des vidéos proposées par différents artistes ou anonymes à partir de l'exposition.

1. Visionnez plusieurs vidéos, choisissez celle que vous préférez et présentez-la à vos camarades en expliquant les raisons de votre choix.

2. À votre tour, seul(e) ou en groupe, rédigez un texte ou créez une courte vidéo dans laquelle vous interprétez le mail de rupture reçu par Sophie Calle.

Un livre, un film

Couleur de peau : miel de Laurent Boileau et Jung Sik-jun (France, Belgique, Corée du Sud, 2012)

Né à Séoul en 1965, l'auteur Jung Sik-jun est adopté à l'âge de six ans par une famille belge, les Henin. L'adaptation à ce nouveau cadre de vie, très éloigné de celui de ses premières années, n'a pas toujours été sans encombre : il lui a fallu apprivoiser et faire siens une autre culture, un autre pays, ainsi qu'une nouvelle famille. Pendant ses études, Jung suit les cours de l'Académie royale des Beaux-Arts de Bruxelles, puis collabore aux deux plus grands magazines belges de bande dessinée, *Spirou* et *Tintin*. Après quelques séries publiées aux éditions Delcourt, il écrit *Couleur de peau : miel* (2007-2013), une bande dessinée autobiographique en trois tomes dans laquelle il revient sur son passé. Jung y raconte combien il est difficile – même au sein d'une famille adoptive aimante – de passer des orphelinats de la Corée du Sud aux banlieues pavillonnaires de la Belgique.

Le film *Couleur de peau : miel* (2012) est une adaptation des deux premiers tomes de la BD, auxquels s'ajoute un récit au présent (qui fera l'objet du tome 3 de la BD, un an après le film). L'intrigue alterne entre l'enfance de l'auteur dans la Belgique des années 1970 et un voyage en Corée du Sud entrepris dans les années 2010. Le va-et-vient constant entre les deux époques est matérialisé par les supports utilisés pour raconter l'histoire. Le présent est donné à voir en vidéo, grâce à une caméra tenue à la main comme en reportage ; tandis que le passé combine trois autres techniques : des images filmées en Super 8[1] par le père adoptif de Jung dans les années 1970, l'animation 3D[2] pour les scènes du quotidien lorsque Jung est encore enfant, et l'animation 2D pour les moments où le héros rêve.

Comment le film parvient-il à transposer la bande dessinée à l'écran ? Quels procédés, propres au cinéma, permettent de développer le récit de soi ?

_____

 Analyse d'ensemble

1. Quel est l'avantage de mêler, durant le film, le présent et le passé, au vu de l'histoire personnelle de Jung ? Quel est l'intérêt de combiner toutes ces techniques cinématographiques ?

2. Jean-Jacques Rousseau dit dans ses *Confessions* qu'il « n'a rien tu de mauvais, rien ajouté de bon » (p. 27). De même, Jung déclare dans le dossier de presse du film : « Je n'invente rien et aucun membre de ma famille n'a contesté les faits ». Que pensez-vous de la sélection des souvenirs d'enfance que le film donne à voir ?

_____

_____

1. *Super 8* : format de cinéma amateur, lancé par Kodak en 1965.
2. *L'animation 3D* : style d'animation dans lequel les personnages, décors et mouvements sont calculés à l'aide d'ordinateurs, de scanners et de capteurs de mouvement. Ils ne sont pas dessinés image par image comme en animation 2D dite « traditionnelle ».

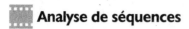

Analyse de séquences

Le tir à l'arc et l'arrivée de Bonne-Maman (de 00.08.55 à 00.12.08)

Dans cette séquence, le héros veut manifestement égaler Guillaume Tell, héros suisse légendaire du XIVᵉ siècle, réputé pour avoir transpercé à l'arbalète une pomme posée sur la tête de son fils.

1. Du point de vue narratif, quel est l'avantage de ne pas voir où arrive la flèche, mais seulement la réaction horrifiée de Jung et de Coralie ?

2. Qu'y a-t-il de déplaisant dans le comportement de Jung ?

3. Quels éléments de dialogue montrent l'égalité entre les enfants (avant qu'ils ne rentrent) ?

4. Quels petits événements, en revanche, montrent l'existence d'une inégalité (après qu'ils sont rentrés) ?

La pomme pourrie (de 00.25.46 à 00.27.20)

Une fois épinglé comme voleur, Jung est reconduit à la maison par sa mère adoptive, en compagnie des autres enfants de la famille.

1. Montrez que le premier plan[1], quand les enfants s'installent dans la voiture les uns à la suite des autres, ainsi que le troisième plan, qui les montre assis sur la banquette arrière, s'opposent à l'idée énoncée par la mère d'une « pomme pourrie ».

2. Que pensez-vous de la façon dont est dessinée et animée cette scène entre le cauchemar et le rêve ?

3. Lorsque Jung rêve de sa mère biologique, pourquoi est-elle, selon vous, munie d'une ombrelle ?

---

1. *Plan* : portion de film comprise entre deux points de coupe.

Vers le brevet

Questions

Relisez le texte de Michel Houellebecq, extrait de *La Carte et le Territoire* (p. 86-88), puis répondez aux questions suivantes :

I. Des lieux sordides

1. Dans ce passage, quels éléments permettent de créer une atmosphère sordide ?

2. Quel est le statut du narrateur ? Justifiez votre réponse en citant le texte.

3. Quel est le point de vue employé ? Vous vous appuierez sur des verbes relevés dans le texte pour justifier votre réponse. Quel est l'effet produit ?

II. Des personnages antipathiques

1. Quelle impression ces personnages vous font-ils ?

2. Quel est le métier de Jed et la raison de sa venue à Shannon ?

3. Relevez les périphrases qui permettent de décrire Michel Houellebecq. Comment pouvez-vous les interpréter ?

4. Quels termes permettent de décrire précisément l'auteur ? Dans quel état physique et mental est-il ?

5. Donnez la classe grammaticale et la fonction de « couperosé ».

III. Description et réflexion

1. Quels sont les temps principaux du récit ?

2. « Ses cheveux étaient ébouriffés et sales » : quels sont le temps, le mode et la valeur du verbe de cette proposition ?

3. Relevez deux passages dans lesquels le narrateur fait part de ses réflexions. À quels temps les verbes sont-ils conjugués ? Expliquez ce choix.

4. Pourquoi l'expression «*sourire désarmant*» est-elle entre guillemets et en italique ?

5. Donnez la classe grammaticale des termes «désarmé» et «désarmant». Comment ces deux mots sont-ils construits ?

 Réécriture

Réécrivez la conversation entre le chauffeur de taxi et Jed au discours indirect, en conservant l'ensemble des indications fournies par l'auteur.

Imprimé à Barcelone par:
BLACK PRINT

Création maquette intérieure :
Sarbacane Design.

Composition : IGS-CP.
N° d'édition : L.01EHRN000509.A002
Dépôt légal : août 2016